WE CAN 韓国語
文型 그리고 ことわざ

張京花・金世徳

HAKUEISHA

はじめに

　「WE CAN 韓国語　文型ユ리고ことわざ」は著者の長年にわた
る韓国語教育の経験を基に作られたテキストである。本書は、
初級以上の韓国語学習者、特に常日頃ハングル検定や韓国語
能力試験を準備する学習者向けに書かれている。

　まず「文型編」では、学習者が基礎的な文法や語彙を習熟し、
さまざまな表現を繰り返し練習することで、韓国語の読解と文
法をバランスよく学習できるように、探しやすく分かりやすく
「あ行」から「わ行」の順に構成した。

　さらに文型だけではなく、韓国語能力試験に出題される韓国
のことわざをまとめた「ことわざ編」もある。ことわざはその
民族と思想を反映する言語表現のひとつである。それらを理解
し、実際に活用できるようになれば、表現力が広がり、豊富に
なるのと同時に韓国文化に対する理解もより深いものとなるに
違いない。

　本書執筆のきっかけになったのは、著者が出会った多くの韓
国語学習者、そして、韓国の歴史・社会・文化に興味を持ち、
韓国人である著者よりも韓国をよく知る、尊敬すべき知人たち
の存在がある。特に多岐にわたり著者に影響を与えてくれた古

くからの友人である大前敏彦氏には感謝の気持ちで一杯である。この本の出版にあたり、きっと彼も天国で喜んでくれているだろう。

　最後に「WE CAN 韓国語 − 入門から初級へ −」「WE CAN 韓国語 II − 初級から中級へ −」に続き、本書の出版を快諾してくださった博英社にこの場を借りて心から感謝の意を表したい。

2023 年吉日
著者一同

目次

文型編

あ

ありますよね（相手に同意を求める）	있잖아요	2
あることはある	있긴 있다	2
いかほど〜／どんなに	좀 ＋形容詞	3
うまくいっている	잘 돼 가다	3
ええっ／おや／なんだって＋文	아니, ＋文	4
大口をたたく	큰소리치다	4

か

〜がどうとか、〜がどうだとか		
	–가/이 어떻고, –가/이 어떻다고요?	5
〜かもしれない	形容詞の語幹＋ㄹ/을지도 모르다	5

〜（場所）から〜まで	–에서–까지	6
〜がる	–아 /어 하다	6
〜くなる	形容詞＋아 /어지다	7
〜く見える	形容詞＋게 보이다	7
契機となる／きっかけとなる	계기가 되다	8
〜けど／〜のに	形容詞＋ㄴ/은 데도	8
〜けれど／〜だが	用言の語幹＋지만	9
〜こそ	体言＋야말로 / 이야말로	9
〜ごとに／〜たびに	名詞＋마다	10
〜ごとにすべて違う	名詞＋마다 다 다르다	10

さ

〜さえあれば	名詞＋만 있으면	11
〜させる	存在詞・動詞の語幹＋게 만들다	11
〜させる／〜られる	–이, 리, 히, 기	12
〜（し）そうだった	–겠더라	12
〜しそうになった	–ㄹ/을 뻔했다	13
〜した後に	–ㄴ/은 후에	13

〜したい	–고 싶다	14
〜したいんでしょう？	–고 싶은 거죠?	14
〜した以上	–ㄴ/은 이상	15
〜したが	–었/았/였다가	15
〜したがる	–고 싶어 하다	16
〜したくない	動詞＋기가 싫다	16
〜したことがある（ない）	動詞＋ㄴ/은 적이 있다(없다)	17
〜した時	動詞の語幹＋았/었을 때	17
〜したならば	–았/었더라면	18
〜（した）まま	動詞の語幹＋ㄴ/은 채로	18
〜したりする／〜でもある	動詞の語幹＋기도 하다	19
〜していく	動詞の語幹＋아/어 가다	19
〜していた	動詞の語幹＋던	20
〜していながら	–면서/으면서	20
〜して以来	動詞の語幹＋ㄴ/은 이래	21
〜している（状態の継続）	–아/어 있다	21
〜している（進行形）	–고 있다	22

〜していると	存在詞+노라니	22
〜しておく	動詞の語幹+아/어 놓다	23
〜してから／〜したあと	動詞の語幹+고 나서	23
〜してから〜経つ	動詞の語幹+ㄴ/은 지 …되다	24
〜してくる	動詞の語幹+아/어/해 오다	24
〜してくれますか	動詞の語幹+아/어 줄래(요)?	25
〜してこそ正しい／〜しなければならない		
	動詞の語幹+아/어야 맞다	25
〜してさしあげましょうか	–아/어 드릴까요?	26
〜してしまう	動詞の語幹+아/어버리다	26
〜してはだめだ	動詞の語幹+면/으면 안 되다	27
〜してみたことがありますか		
	動詞の語幹+아/어 본 적이 있어요?	27
〜してみようか	動詞の語幹+아/어 볼까?	28
〜してみる	動詞の語幹+아/어 보다	28
〜してみると	動詞の語幹+고 보니	29
〜しても	動詞の語幹+아/어도	29
〜しても	動詞の語幹+더라도	30

～してもいいでしょうか　　　動詞の語幹＋아/어도 될까요?　　　30

～しないでください　　　動詞・存在詞の語幹＋지 마세요/마십시오　　31

～しないで～してください　　–지 말고–세요/으세요　　　31

～しないように　　　　　動詞の語幹＋지 않도록　　　32

～しながら　　　　　　　動詞・存在詞の語幹＋면서/으면서　　32

～しながら、どうして～でしょう

　　　　　　　　　　　　–면서/으면서 어떻게 –아요/어요　　33

～しながらも　　　　　　–면서도/으면서도　　　33

～しなくてはならない　　–지 않으면 안 되다　　　34

～しなくてもいい　　　　–지 않아도 되다　　　34

～しなければならない　　–아/어야 되다　　　35

～しなければならない　　–아야지/어야지 되다　　　35

～しなければならないようだ –아야/어야 할 것만 같다　　36

～しに　　　　　　　　　動詞＋러/으러　　　36

～しにくい　　　　　　　–기 어렵다　　　37

～（し）始める　　　　　–기 시작하다　　　37

～しましたが　　　　　　動詞の語幹＋았/었는데(요)　　38

～しましょう	動詞の語幹＋ㅂ시다/읍시다	38
～しますとも	–고 말고요	39
～（し）やすい	–기 쉽다	39
～じゃないですか		
	体言＋(이)잖아요? 「–(이)지 않아요?」の縮約形	40
～しよう	動詞の語幹＋자	40
～しようかと思っている	–ㄹ/을까 하다	41
～しようと	動詞・存在詞語幹＋려고/으려고	41
～しようとすれば／～するには		
	動詞・存在詞語幹＋려면/으려면	42
知られている	알려져 있다	42
～すべきだ／～しなけりゃ	–아/어야지	43
～するかもしれない／～であるかもしれない		
	動詞の語幹＋ㄹ/을지도 모르다	43
～する価値がある	–ㄹ/을 만하다	44
～するからね／～するよ	動詞の語幹＋ㄹ/을게	44
～するくらい／～するほど	動詞・存在詞の語幹＋ㄹ/을 정도로	45
～することができる	動詞の語幹＋ㄹ/을 수 있다	45

～（する）ことにする　　　動詞の語幹＋기로 하다　　　46

～するだけで　　　　　　動詞の語幹＋기만 해도　　　46

～するだけでいい　　　　動詞の語幹＋기만 하면 되다　47

～するだろう　　　　　　動詞の語幹＋ㄹ/을 것이다　　47

～するつもりだ　　　　　動詞・存在詞の語幹＋ㄹ/을 생각이다 48

～するつもりだから　　　動詞・存在詞の語幹＋ㄹ/을 테니까 48

～するつもり（予定）ですか 動詞・存在詞の語幹＋ㄹ/을 겁니까? 49

～すると／～すれば　　　動詞の語幹＋면/으면　　　49

～（する）ときがある／～（する）ことがある

　　　　　　　　　　　　動詞の語幹＋ㄹ/을 때가 다 있다　50

～（する）ところだった　動詞の語幹＋ㄹ/을 뻔했다　　50

～すると同時に　　　　　動詞の語幹＋는 동시에　　　51

～するとも／～であるとも／～といえども

　　　　　　　　　　　　用言の語幹＋ㄹ/을망정　　51

～（する）なと言う　　　–지 말라고 하다　　　52

～（する）には　　　　　–기에는　　　52

～するのがよい／～する方がいい

　　　　　　　　　　　　存在詞・動詞の語幹＋는 게 좋다　53

～するのでしょう／～したのでしょう

動詞の連体形＋거겠지(요)　　53

～するのを見ると　　用言の連体形＋걸 보면　　54

～（する）はずがない　　–ㄹ/을 리가 없다　　54

～する必要ない　　動詞の語幹＋ㄹ/을 거 없어　　55

～するほど　　動詞の語幹＋ㄹ/을 만큼　　55

～する前に　　動詞の語幹＋기 전에　　56

～するように／～するほど　　存在詞・動詞の語幹＋도록　　56

～するようになる　　動詞の語幹＋게 되다　　57

～する予定だ　　動詞の語幹＋ㄹ/을 예정이다　　57

～すればするほど／～であればあるほど

用言の語幹＋면–ㄹ수록/–으면–을수록　58

～すればよい　　動詞の語幹＋면 되다/으면 되다　　58

～せざるを得ない　　動詞の語幹＋지 않을 수 없다　　59

そういえば　　그러고 보니　　59

た

～だからじゃないんですか　　用言の語幹＋아서가/어서가 아닌가요?　60

〜だからです	用言の語幹+아서/어서 그래요	60
〜だからといって	名詞+라고/이라고 해서	61
〜だからそうなのか	体言+라서/이라서 그런지	61
〜だけだ	動詞の語幹+ㄹ/을 뿐이다	62
〜だけでなく／〜のみならず	体言+뿐(만)아니라	62
〜だけでも	–만 해도	63
〜だけは	–만큼은	63
〜だけをする	–기만 하다	64
〜だそうだ	–ㄴ/은 다고 하다	64
〜だそうです	–래요/이래요	65
〜だそうですね	動詞の語幹+ㄴ/는다면서요?	65
〜だというのですか／〜だということですか		
	形容詞の語幹+단 말이에요?	66
〜だと言っていた〜	動詞の過去形+다던	66
〜だと言っても	体言+라고/이라고 해도	67
〜だと思う／〜するだろうと思う	–ㄴ/은 줄 알다	67
〜だなんて	動詞の語幹+다니	68

～だろう／～するだろう	用言の語幹＋ㄹ/을걸	68
違いますか	안 그래요?	69
ちょっと～をしていただけますか	体言＋를/을 좀 해 주시겠어요?	69
～であり	体言＋이자	70
～である	体言＋인	70
(顔つきが・形が) ～である／～な形をしている	用言の語幹＋게 생기다	71
～であるうえに／～したうえ	用言の語幹＋ㄴ/은/는 데다	71
～であるとか	体言＋라/이라든가	72
～（である）にもかかわらず	−ㅁ에도/음에도 불구하고	72
～であるようにも思える	指定詞＋ㄴ 것 같기도 하다	73
～で言うなら	体言＋로/으로 말하면	73
～できるようになるでしょうか	動詞の語幹＋ㄹ/을 수 있게 될까요?	74
～で死にそうだ／とても～だ	用言の語幹＋아/어 죽겠다	74
～ですが／～ですけれども	用言の語幹＋ㅂ니다/습니다 ＋만	75
～ですね	用言の連体形＋거군요	75
～ですね／～ますね	用言の語幹＋군요	76

〜ですね／〜ますね　　　　－네요　　　　　　　　　　　　　76

〜ではあるけど／〜なことは〜けど

　　　　　　　　　　形容詞の語幹＋기는 해도　　　　　77

〜ではない〜　　　　　　体言＋가/이 아닌　　　　　　77

〜ではないかと思う　　　用言の連体形＋게 아닌가 싶다　78

〜ではないのか　　　　　用言の連体形＋것은/건 아닌지　78

〜ではなく　　　　　　　体言＋이/가 아니라　　　　　79

〜ではなく　　　　　　　体言＋말고　　　　　　　　　79

〜でも　　　　　　　　　体言＋라도/이라도　　　　　80

〜ても／〜でも　　　　　用言の語幹＋아/어도　　　　　80

〜でも〜しましょうか　　体言+(나/이나)+動詞の語幹+ㄹ/을까요?　81

〜と言う　　　　　　　　体言＋라고/이라고 하다　　　81

〜ということだ　　　　　用言の語幹＋단 말이다　　　　82

〜ということに決まっている 動詞の語幹＋는 법이다　　　82

〜という話だが　　　　　動詞の語幹＋ㄴ/은다더니　　　83

〜というより　　　　　　体言＋라기/이라기보다　　　83

〜というわけだ　　　　　動詞＋셈이다　　　　　　　　84

～と言えば	体言+하면	84
～と一緒に	体言＋랑/이랑 같이	85
～と思う／～すると思う	動詞の語幹＋는 줄 알다	85
～と思う	用言の語幹＋ㄹ/을 것이다	86
～として	体言＋로/으로서	86
～とてつもなく～だ	보통 –가/이 아니다	87
～とはいっても	体言＋라/이라고는 하지만	87
～とも言う	体言＋라고도/이라고도 하다	88
どうしてそうするのか	왜 그러는지	88
どうしてだか	왠지 모르게	89
どうせなら／同じ事なら	이왕이면	89
どうも～だ／よく考えると～だ	가만히 보니까	90
～どころか／～はおろか	–는/은커녕	90
どちらがより～であるか	어느 쪽이 더–냐/느냐	91
(どのように) ～なっていますか 어떻게 돼요? /되세요? /됩니까? /되십니까?		91
どんな (いかなる) ～もない	아무런–도 없다	92

な

〜ない？	用言の語幹＋지 않니?	92
〜なので／〜するから（理由）	用言の語幹＋기 때문에	93
〜なので／〜から	用言の語幹＋길래	93
〜なら／〜ならば	名詞＋라/이라면	94
〜なんて／〜だとは	体言＋라/이라니	94
〜に／〜く	–게	95
〜に値する	–를/을 만한	95
〜に至る	名詞＋에 이르다	96
〜にしては／〜のわりには	名詞＋치고는	96
〜にすぎない	名詞＋에 지나지 않다	97
〜に沿って	名詞＋를/을 따라서	97
〜に近い	名詞＋에 가까운	98
〜について	名詞＋에 대해서	98
〜に使われる	名詞＋로/으로 쓰이다	99
〜に続いて／〜の次に	名詞＋에 이어서	99
〜になる	名詞＋가/이 되다	100

～になる／～くなる	形容詞＋아/어지다	100
～に反して／～である反面	用言の語幹＋는/은 데 반해서	101
～に負けない	名詞＋에 못지않다	101
～にもかかわらず	用言の語幹＋ㄴ/은/는데도 불구하고	102
～によって（は）	名詞＋에 따라서(는)	102
～にわたって	名詞＋에 걸쳐서	103
～（の）おかげで	–덕분에	103
～のか	用言の連体形＋지	104
～の代わり（に）	–대신(에)	104
～のことですね	–말이지요?	105
～のために（目的）	名詞・代名詞＋를/을 위해(서)	105
～ので／～だから／～するから	用言の語幹＋니까/으니까	106
～ので／～くて	用言の語幹＋아/어서	106
～のではなく	動詞・存在詞の語幹＋는 게 아니라	107
～のとおり／～まま	–는/ㄴ/은 대로	107
～のに	形容詞・指定詞の語幹＋ㄴ/은/인 데도	108
～のは	動詞・存在詞の語幹＋는 건	108

〜の場合	名詞＋의 경우	109
〜のはず（わけ）がない	用言の語幹＋ㄹ/을 리가 없다	109
〜のようだ／〜らしい	–는/ㄴ/은 가 보다	110
〜のようだ／〜しそうだ	–는/ㄴ/은 듯하다	110
〜のようではない	–것 같지가 않다	111
〜のような〜	体言＋와/과 같은	111
〜のように	–처럼	112
〜のように〜ではない	–처럼–진 않다	112
〜のように見える	形容詞の語幹＋아/어 보이다	113
〜のわりに	用言の連体形＋데 비해서	113
〜(の)ようだ	指定詞・形容詞の語幹＋ㄴ/은 것 같다	114

は

〜は〜けれど	–야/이야 –지만	114
(はい）どうぞ	(네,)여기 있습니다	115
〜はさておき	名詞＋는 /은 몰라도	115
〜ばかりしているのではないですか		
	名詞＋만 하는 거 아니에요?	116

二つと無い／この上なく貴重だ　　둘도 없다　　116

ま

まるで〜のように　　마치–처럼　　117

〜も（が）あるなんて　　–도(이/가) 다 있다니　　117

〜も〜し、〜も〜し　　–도–고, –도–고　　118

〜もする　　動詞の語幹＋기도 하다　　118

〜も同然だ　　–나/이나 다름(이) 없다　　119

や

〜や　　名詞＋나/이나　　119

〜やいなや　　動詞の語幹＋자마자　　120

〜ようだ　　存在詞・動詞の語幹＋는 것 같다　　120

ら

〜らしく　　名詞＋답게　　121

わ

〜話題になる　　화제가 되다　　121

〜を兼ねて　　動詞の語幹＋ㄹ/을 겸(해서)　　122

〜を代表する	名詞＋를/을 대표하다	122
〜を中心として	名詞＋를/을 중심으로 해서	123
〜を通して	名詞＋를/을 통해서	123
〜を成し遂げる／〜をなす	名詞＋를/을 이루다	124
〜をはじめ	名詞＋를/을 비롯해서	124
〜を誇る	名詞＋를/을 자랑하다	125

ことわざ編

시작이 반이다 | 128

하늘이 무너져도 솟아날 구멍이 있다 | 130

일 년 지계는 봄에 세우고 일일지계는 아침에 세운다 | 132

윗 물이 맑아야 아랫물이 맑다 | 134

마른하늘에 날벼락 (벼락 맞는다) | 136

우물 안 개구리 하늘 넓은 줄 모른다 | 138

조삼모사 (朝三暮四) | 140

가는 말이 고와야 오는 말이 곱다 | 142

웃으면 복이 온다 | 144

<ruby>虎<rt>ホ</rt></ruby><ruby>死<rt>サ</rt></ruby><ruby>留<rt>ユ</rt></ruby><ruby>皮<rt>ビ</rt></ruby>하고 , <ruby>人<rt>イン</rt></ruby><ruby>死<rt>サ</rt></ruby><ruby>留<rt>ユ</rt></ruby><ruby>名<rt>ミョン</rt></ruby>이라   146

갈 수록 태산이다   148

인간만사 새옹지마 (人間萬事塞翁之馬)   150

화룡 점 정 (画龍点睛)   152

가르침은 배움의 반이다   154

구슬이 서말이라도 꿰어야 보배다   156

문형편

ありますよね (相手に同意を求める) **있잖아요**

◇한국의 '청와대' 있잖아요. 그곳은 어떤 곳이에요?

韓国の「青瓦台」ってありますよね。そこはどんなところですか。

◇내가 좋아하는 그 친구 있잖아요. 그가 이번 선거에 출마한대요.

私が好きなあの友人、いるでしょ。彼が今度の選挙に出馬す るんですって。

 あることはある **있긴 있다**

◇내일? 약속이 있긴 있지만 네가 원한다면 취소할 수도 있어.

明日?約束があることはあるけど、君がどうしてもというなら 取り消してもいいよ。

◇그 사람에게도 행복했던 시절이 있긴 있었다.

彼にも幸せな時代があるにはあった。

いかほど〜／どんなに　좀 ＋形容詞

◇날씨가 좀 좋아요? 어디 하이킹이라도 갑시다.

　天気がなんていいんでしょう。どこかハイキングでも行きましょう。

◇그 많은 일을 혼자서 다 하니, 좀 힘들까?

　あの山のような仕事をひとりで全部するなんて、さぞや大変だろうな。

 うまくいっている　잘 돼 가다

◇카린 씨, 요즘 청춘사업은 잘 돼 갑니까?

　カリンさん、最近、恋愛（青春事業）はうまくいっていますか。

◇새로 시작한 공동연구, 잘 돼 가요?

　新しく始めた共同研究、うまくいっていますか。

ええっ／おや／なんだって＋文　아니, ＋文

◇아니, 왕따가 무슨 뜻이에요?

　ええっ、王따 (いじめ) はどういう意味ですか。

◇아니, 벌써 시간이 이렇게 됐어요?

　ええっ、もうこんな時間になったんですか。

 大口をたたく　　큰소리치다

◇저 친구, 아직도 "나 잘났다"고 큰소리치고 다니는군.

　あいつ、いまだに自分が偉いと大口をたたいて触れ回っているんだな。

◇아무리 큰소리쳐 봐야 실력이 없으면 버텨 내지 못한다니까.

　いくら偉そうなことを言っても、実力がなければ残れないって。

～がどうとか、～がどうだとか
-가 / 이 어떻고, -가 / 이 어떻다고요?

◇뭐라고? 개구리가 어떻고, 올챙이가 어떻다고요?

何だって？カエルがどうとか、オタマジャクシがどうだとか。

◇어떻게 됐어요? 청군이 어떻고, 백군이 어떻다고요?

どうなりましたか。青組（青軍）がどうとか、白組（白軍）がどうだとか。

 ～かもしれない
形容詞の語幹＋ㄹ / 을지도 모르다

◇이 냉면은 보기보다 안 매울지도 몰라요.

この冷麺は見かけよりも辛くないかもしれません。

◇아마도 둘이 서로 그리워질지도 모르겠어요.

多分、2人はお互いが恋しくなるかもしれません。

～（場所）から～まで　-에서-까지

◇ 서울에서 부산까지는 약 420km입니다.
　ソウルから釜山までは約420kmです。

◇ 도쿄에서 나고야를 거쳐 오사카까지 갈 예정이에요.
　東京から名古屋を経由して大阪まで行く予定です。

 ～がる　-아/어 하다

◇ 오랜만에 시합에 이겨서 기뻐하고 있어요.
　久しぶりに試合に勝って喜んでいます。

◇ 친구가 결혼한 것을 내심 부러워하고 있어요.
　友達が結婚したのを内心うらやましがっています。

～くなる　　形容詞＋아/어지다

◇가을이 되면 아침저녁으로 선선해집니다.
　秋になると、朝晩が涼しくなります。

◇시간이 지나면서 외국이라는 생각이 없어졌어요.
　時間が経つにつれて、外国という意識はなくなりました。

～く見える　　形容詞＋게 보이다

◇맑은 날에는 육지가 가깝게 보입니다.
　晴れた日には陸地が近く見えます。

◇돋보기로 보면 실제보다 훨씬 크게 보입니다.
　虫眼鏡で見ると、実際よりずっと大きく見えます。

契機となる／きっかけとなる 계기가 되다

◇여행을 간 것이 한글을 배우는 계기가 됐어요.

　旅行に行ったことがハングルを習うきっかけとなりました。

◇그때 일이 계기가 돼서 결혼하신 거군요.

　あの時のことがきっかけでご結婚なさったんですね。

 ～けど／～のに 形容詞+ㄴ/은데도

◇이 실은 가는데도 아주 튼튼해요.

　この糸は細いけど、とても丈夫です。

◇커피가 뜨거운데도 잘 마시네요.

　コーヒーが熱いのによく飲めますね。

~けれど／~だが　用言の語幹+지만

◇이 일은 곧 끝나지만 다른 일이 또 기다리고 있어요.
　この仕事はすぐ終わるけれど、別の仕事がまた待っています。

◇비싼 물건은 아니지만 그런대로 쓸 만해요.
　高いものではないが、それなりに使えます。

 ~こそ　体言+야말로 / 이야말로

◇오늘이야말로 그녀에게 사랑을 고백해야지.
　今日こそ彼女に愛の告白をしなくちゃ。

◇나야말로 그녀를 사랑하기 위해 태어난 사나이 아니겠어?
　僕こそが彼女を愛するために生まれてきた男じゃないか。

～ごとに／～たびに　名詞＋마다

◇날마다 즐거운 일만 있었으면 좋겠어요.
　毎日楽しいことばかりあればいいです。

◇카린 씨는 볼 때마다 예뻐지는 것 같아요.
　カリンさんは会うたびにきれいになっているようです。

 ～ごとにすべて違う　名詞＋마다 다 다르다

◇대학교 등록금은 학교마다 다 다른데 우리 학교는 좀 비싸요.
　大学の授業料は学校ごとに違いますが、僕の学校は少し高い
　です。

◇애들 교육 방침은 집집마다 다 다르기 마련입니다.
　子供の教育方針は、家庭ごとに違うのが当然です。

～さえあれば　名詞＋만 있으면

◇난 김치만 있으면 밥을 먹을 수가 있거든.

　私はキムチさえあれば、ご飯が食べられるのよ。

◇너만 있으면 나도 마음이 아주 든든하다니까!

　君さえいれば、僕もすごく心強いよ。

 ～させる　存在詞・動詞の語幹＋게 만들다

◇아름다운 자연과 소박한 인정이 여기로 이사 오게 만든 겁니다.

　美しい自然と素朴な人情に引かれて、ここに引越してきたのです。

◇우연히 들었던 노래 한 곡이 저를 한국에 깊이 빠져들게 만들었지요.

　偶然耳にした一曲が、私を韓国に夢中にさせました。

~させる／～られる　-이, 리, 히, 기

◇다른 것은 보지 말고 보여 드리는 것만 보세요.
　　他のものは見ないで、私が見せるものだけご覧なさい。

◇창문이 잘 안 열리는데 좀 열어 주시겠어요.
　　窓がうまく開かないのですが、ちょっと開けてくださいませんか。

 ～（し）そうだった　-겠더라

◇이번에 새로 나온 컴퓨터는 참 편리하겠더라.
　　今回、新しく出たコンピューターはとても便利そうだった。

◇그 학생은 대단한 노력가인 만큼 틀림없이 성공하겠더라.
　　その学生は大変な努力家であるだけに、間違いなく成功する
　　だろう。

～しそうになった　-ㄹ/을 뻔했다

◇내가 악마와 계약을 맺을 뻔했다고 해도 안 믿죠?
　　僕が悪魔と契約を結びそうになったと言っても信じないでしょう。

◇그 여자한테 속을 뻔했다구? 정신 차려야지!
　　彼女にだまされそうになっただって？しっかりしろよ。

 ～した後に　-ㄴ/은 후에

◇먼저 서울에 간 후에 부산도 가 보고 싶습니다.
　　先にソウルに行ってから、釜山にも行ってみたいです。

◇옷을 산 후에 거기에 어울리는 가방을 사겠습니다.
　　服を買った後、それに似合うカバンを買います。

～したい　-고 싶다

◇저도 빨리 카린 씨처럼 유창하게 한국말을 애기하고 싶어요.

　私も早くカリンさんのように、流暢に韓国語を話したいです。

◇민속촌까지 어떻게 가는지 좀 알고 싶은데요.

　民俗村までどのように行くのか知りたいのですが。

～したいんでしょう？　-고 싶은 거죠?

◇힘든 과거를 말끔히 씻어 버리고 싶은 거죠?

　辛い過去をきれいさっぱり洗い流したいんでしょう？

◇실은 30년 전부터 이혼하고 싶었던 거죠? 당신.

　実は30年前から離婚したかったんでしょう？あなた。

～した以上　 -ㄴ/은 이상

◇한번 말을 꺼낸 이상 반드시 지켜야 합니다.
　1度言い出した以上、必ず守らなければいけません。

◇여기까지 온 이상 도중에 포기할 수 없습니다.
　ここまで来た以上、途中で諦めることはできません。

 ～したが　 -었/았/였다가

◇처음에는 몰랐다가 나중에 진상을 알게 됐어요.
　初めは知りませんでしたが、あとで真相を知りました。

◇얇은 옷만 입고 갔다가 추워서 고생했어요.
　薄い服だけ着て行ったが、寒くて苦労しました。

～したがる -고 싶어 하다

◇ 노력도 안 하면서 행복해지고 싶어 하는 사람들이 많아요.

　努力もしないで幸せになりたがる人が多いです。

◇ 한국에 계속 남아 있고 싶어 하는 것 같아요.

　韓国にずっと残りたいと思ってるようです。

～したくない 動詞＋기가 싫다

◇ 너무 같은 일만 반복하니까 이제는 하기가 싫어요.

　あまりに同じことばかり繰り返したので、もうやりたくない
　です。

◇ 그 사람하고는 만나면 싸우니까 만나기가 싫어요.

　あの人とは会えば喧嘩するので、会いたくありません。

〜したことがある（ない）
動詞＋ㄴ/은 적이 있다(없다)

◇전에 외국어를 배운 적이 있습니다.
　前に外国語を習ったことがあります。

◇금강산에는 가 본 적이 없는데요.
　金剛山には行ったことがないですよ。

〜した時　動詞の語幹＋았/었을 때

◇지난번에 왔을 때는 이렇게 비싸지 않았는데…
　この間来た時はこんなに高くなかったのに...。

◇처음 만났을 때부터 서로 마음이 끌렸대요.
　初めて会った時からお互いの心が引かれたそうです。

～したならば　-았/었더라면

◇조금만 더 일찍 갔더라면 만날 수 있었을 텐데.
　少しでも早く行っていたら会えたのに。

◇날씨가 따뜻했더라면 곡식이 더 잘 익었을 거예요.
　天候が暖かかったら、穀物がもっとよく実ったでしょう。

 ～ (した) まま　　動詞の語幹＋ㄴ/은 채로

◇너무 피곤해서 앉은 채로 잠이 들어 버렸습니다.
　疲れすぎて座ったまま、眠ってしまいました。

◇자리가 없어서 선 채로 종점까지 갔습니다.
　席が無くて立ったまま、終点まで行きました。

～したりする／～でもある
動詞の語幹＋기도 하다

◇여름방학 때는 책을 읽기도 하고 여행을 하기도 해요.

　夏休みには本を読んだり、旅行に行ったりします。

◇점심은 밥을 먹기도 하고 면 종류를 먹기도 해요.

　昼食はご飯を食べたり、麺類を食べたりします。

～していく　　動詞の語幹＋아/어 가다

◇잘 생각하면서 일을 추진해 가면 됩니다.

　よく考えながら仕事を進めていけばいいのです。

◇문장 아래 줄을 그어 가면서 공부해 보세요.

　文章の下に線を引きながら勉強してみてください。

～していた　動詞の語幹＋던

◇대학생 시절에 많이 갔던 카페예요.

　大学生時代によく行ったカフェです。

◇어렸을 때 우리 가족이 살던 집입니다.

　幼い頃に私の家族が住んでいた家です。

 ～していながら　-면서/으면서

◇하루에 네 끼나 먹으면서 항상 배고프다는 소리만 한단다.

　一日に4食も食べていながら、いつもお腹すいた、お腹すいたって言うんだって。

◇항상 주의하고 있으면서 왜 실수를 하는 건지.

　いつも気をつけていながら、どうしてミスをするのかしら。

~して以来　　動詞の語幹＋ㄴ/은 이래

◇취직한 이래 지금까지 상여금을 받은 적이 없어요.
　就職して以来、今までボーナスをもらったことがありません。

◇일본에 온 이래 한 번도 대중 목욕탕에 간 적이 없어요.
　日本に来てから、一度も銭湯に行ったことがありません。

 ~している　（状態の継続）　　-아/어 있다

◇문이 열려 있으니까 들어오세요.
　ドアが開いていますからお入りください。

◇소파에 앉아 있는 사람은 누구예요?
　ソファーに座っている人は誰ですか。

～している (進行形) -고 있다

◇지금 직원들과 회의를 하고 있습니다.
　今、職員たちと会議をしています。

◇대학교에서 한국어를 가르치고 있습니다.
　大学で韓国語を教えています。

 ～していると　存在詞＋노라니

◇거리를 걷고 있노라니 옛날 생각이 났어요.
　町を歩いていたら、昔の事を思い出しました。

◇이야기를 듣고 있노라니 나도 모르게 눈물이 났어요.
　話を聞いていたら、私も知らないうちに涙が出ました。

～しておく 動詞の語幹＋아/어 놓다

◇고장 난 자전거를 고쳐 놓았습니다.
　故障した自転車を修理しておきました。

◇미리 가서 좋은 자리를 잡아 놓았습니다.
　先に行って良い席を取っておきました。

 ～してから／～したあと
動詞の語幹＋고 나서

◇책을 사고 나서 모자를 사러 갑시다.
　本を買ってから、帽子を買いに行きましょう。

◇영화를 보고 나서 바로 집으로 돌아왔습니다.
　映画を見たあと、すぐ家に帰ってきました。

～してから～経つ
動詞の語幹＋ㄴ/은 지 …되다

◇한글을 배운 지 올해로 3년 됐어요.

ハングルを習い始めてから、今年で3年たちました。

◇점심 먹은 지 두 시간밖에 안 됐는데 벌써 배가 고파요?

お昼を食べてから2時間しか経ってないのに、もうお腹がすいたんですか。

～してくる　動詞の語幹＋아/어/해 오다

◇10년 동안 친구로 사귀어 왔습니다.

10年間、友達として付き合ってきました。

◇짧은 기간에 눈부신 발전을 거듭해 왔습니다.

短い期間で目覚しい発展を重ねてきました。

～してくれますか
動詞の語幹＋아/어 줄래(요)?

◇미안하지만 길 좀 가르쳐 줄래?

すまないけど、道をちょっと教えてくれる？

◇지금 좀 바쁘니까 이따가 다시 전화해 줄래요?

今ちょっと忙しいから、後でまた電話してくれますか。

～してこそ正しい／～しなければならない
動詞の語幹＋아/어야 맞다

◇"있읍니다"가 아니라 "있습니다"라고 써야 맞아요.

「있읍니다」ではなく「있습니다」と書かなければなりません。

◇국은 젓가락이 아니라 숟가락으로 먹어야 맞아요.

スープはお箸でなくスプーンで食べなければなりません。

~してさしあげましょうか
-아/어 드릴까요?

◇피곤해 보이는데 커피라도 타 드릴까요?

お疲れのようなのでコーヒーでも入れましょうか。

◇제 연락처를 가르쳐 드릴까요?

私の連絡先をお教えしましょうか。

~してしまう　動詞の語幹＋아/어버리다

◇맥주 세 병을 다 마셔버렸어요?

ビールを3本全部飲んでしまったのですか。

◇큰일 났네! 지갑을 잃어버렸네요.

大変だ！財布を失くしてしまったよ。

～してはだめだ　動詞の語幹＋면/으면 안 되다

◇고3이 그렇게 놀기만 하면 안 되지!

　高校3年生がそんなに遊んでばかりじゃダメだろう！

◇한국도 전철 안에서 핸드폰을 사용하면 안 됩니까?

　韓国も、電車の中で携帯電話を使用してはいけませんか。

 ～してみたことがありますか
動詞の語幹＋아/어 본 적이 있어요?

◇후지산에 올라가 본 적이 있어요?

　富士山に登ってみたことがありますか。

◇마음껏 울어 본 적이 있어요?

　思い切り泣いたことがありますか。

~してみようか　動詞の語幹＋아/어 볼까?

◇날마다 단어를 스무 개씩 외워 볼까?
　毎日単語を20個ずつ覚えてみようか。

◇외래어에 관해서 한번 연구해 볼까?
　外来語に関して一度研究してみるか。

 ~してみる　動詞の語幹＋아/어 보다

◇참 좋은 사람이래요. 한번 만나 봐요.
　とてもいい人だそうです。一度会ってみたら。

◇시간이 있을 때 한국의 시를 한번 읽어 보세요.
　時間があるとき韓国の詩を一度読んでみてください。

~してみると　　動詞の語幹＋고 보니

◇살고 보니 20년이라는 세월이 금방 지나간 것 같아요.
　住んでみると、20年という歳月があっというまに過ぎたようです。

◇사고 보니 내가 원하던 스타일이 아니었어요.
　買ってみたら、私が望んでいたスタイルではありませんでした。

 ~しても　　動詞の語幹＋아/어도

◇여기서 허가 없이 사진을 찍어도 됩니까?
　ここで許可なしに写真を撮ってもいいですか。

◇둘이 먹다가 한 사람이 죽어도 모를 정도로 맛이 있어요.
　2人で食べていて1人が死んでもわからないくらいおいしいです。

～しても　　動詞の語幹＋더라도

◇노래는 잘 못하더라도 춤은 잘 출 수 있어요.

　歌は下手でも踊りは上手です。

◇네가 거기 가더라도 제대로 된 대접은 못 받을 것이다.

　おまえがそこに行っても、きちんとした扱いはされないだろう。

 ～してもいいでしょうか
動詞の語幹＋아/어도 될까요?

◇여기서 담배를 피워도 될까요?

　ここでタバコを吸ってもいいでしょうか。

◇오늘밤에 전화를 걸어도 될까요?

　今晩、電話をかけてもいいでしょうか。

～しないでください
動詞・存在詞の語幹＋지 마세요/마십시오

◇시간은 충분하니까 너무 서두르지 마세요.

　時間は十分あるから、そんなに急がないで。

◇감기에 걸리니까, 추운 데에 너무 오래 있지 마십시오.

　風邪を引くから、寒い所にあまり長くいないでください。

～しないで～してください
-지 말고-세요/으세요

◇직접 가지 말고 편지를 쓰세요.

　直接行かないで手紙を書いてください。

◇화내지 말고 참으세요.

　怒らないで我慢してください。

～しないように　動詞の語幹＋지 않도록

◇이번에는 틀리지 않도록 다시 한번 천천히 발음해 보십시오.

今度は間違えないように、もう一度ゆっくり発音してみてください。

◇감기 들지 않도록 조심하세요.

風邪を引かないように、気をつけてください。

 ～しながら
動詞・存在詞の語幹＋면서/으면서

◇전후좌우를 잘 살피면서 운전해야 합니다.

前後左右をよく確認しながら、運転しなければなりません。

◇모습이 안 보일 때까지 손을 흔들면서 서 있었어요.

姿が見えなくなるまで、手を振りながら立っていました。

～しながら、どうして～でしょう
-면서/으면서 어떻게 -아요/어요

◇그렇게 잠만 자면서 어떻게 시험에 붙을 수 있겠어요?
　そんなに寝てばかりいて、試験に受かるはずがないでしょう。

◇매일 그렇게 많이 먹으면서 어떻게 살을 빼겠어요?
　毎日そんなにたくさん食べながら、どうやせますか。

～しながらも　　-면서도/으면서도

◇일하면서도 공부는 계속해 왔습니다.
　働きながらも勉強は続けてきました。

◇출장을 가면서도 집안일에 신경이 쓰였습니다.
　出張に行きながらも、家のことが気になりました。

～しなくてはならない -지 않으면 안 되다

◇이웃끼리 사이좋게 살지 않으면 안 됩니다.
　となり近所同士、仲良く暮らさなくてはいけません。

◇시간이 없으니까 서두르지 않으면 안 돼요.
　時間がないので、急がなくてはなりません。

 ～しなくてもいい -지 않아도 되다

◇아직 시간이 있어요. 서두르지 않아도 돼요.
　まだ時間があります。急がなくてもいいです。

◇무리해서 다 먹지 않아도 돼.
　無理して全部食べなくてもいいよ。

～しなければならない　-아/어야 되다

◇서울로 이사를 가기 때문에 살 집을 구해야 돼요.

　ソウルに引越しするので、住む家を探さなければなりません。

◇입에 안 맞아도 준 사람을 생각해서 다 먹어야 돼요.

　口に合わなくても、くれた人のことを思って食べなければなりません。

～しなければならない　-아야지/어야지 되다

◇이 일은 무슨 일이 있어도 오늘 중으로 끝내 놓아야지 되는데…

　この仕事は何があっても今日中に仕上げなければならないんだけど。

◇너 같은 아이는 혼자 자취를 해 봐야지 된다.

　お前のような子は、ひとり暮らしをしてみなければならない。

～しなければならないようだ
-아야/어야 할 것만 같다

◇너무 심각해서 조용히 해야 할 것만 같았다.
　静かにしなくちゃ、と思わせるほど深刻だった。

◇나라도 얘기를 꺼내야 할 것만 같은 분위기다.
　誰か私でも話を切り出さなきゃならない雰囲気だ。

～しに　　動詞＋러/으러

◇좋은 추억을 만들러 여행을 떠나요.
　いい思い出を作りに旅行へ行きます。

◇새로 담근 김치를 먹으러 오세요.
　新しく漬けたキムチを食べに来てください。

～しにくい　-기 어렵다

◇말씀드리기 어려운 사정이 있어요.
　申し上げにくい事情があります。

◇사장이 된 이후로 좀처럼 만나기가 어렵습니다.
　社長になってからはなかなか会いにくいです。

 ～（し）始める　-기 시작하다

◇3년 전부터 한글을 배우기 시작했습니다.
　3年前からハングルを習い始めました。

◇한 시간 전부터 먹기 시작해서 아직도 먹고 있어요.
　1時間前から食べ始めて、まだ食べています。

～しましたが 動詞の語幹＋았/었는데(요)

◇며칠 전에 사랑니를 뽑았는데, 아직도 그 자리가 아파요.
　何日か前に親知らずを抜いたのですが、まだそこが痛みます。

◇조금 전까지 여기 있었는데요.
　ちょっと前までここにいたのに。

 ～しましょう 動詞の語幹＋ㅂ시다/읍시다

◇큰 소리로 읽어 봅시다.
　大きい声で読んでみましょう。

◇배가 고프니까 어서 먹읍시다.
　お腹がすいたから早く食べましょう。

～しますとも　-고 말고요

◇가: 매운 음식 잘 드세요?　나: 먹고 말고요.
　辛い料理が召し上がれますか。　食べますとも。

◇가: 이 옷 마음에 듭니까?　나: 그럼요. 들고 말고요.
　この服は気に入りましたか。　気に入りましたとも。

～ (し) やすい　-기 쉽다

◇잘못 말하면 오해받기 쉽습니다.
　言葉を誤ると、誤解されやすいです。

◇굽이 높은 구두를 신으면 넘어지기 쉽습니다.
　かかとの高い靴を履くと、転びやすいです。

～じゃないですか
体言＋(이)잖아요? 「-(이)지 않아요?」の縮約形

◇오늘은 1년 중에 낮이 가장 길다는 하지이지 않아요?

　今日は1年の中で昼が最も長いという夏至じゃないですか。

◇카린 씨는 머리도 좋고 또 미인이잖아요?

　カリンさんは頭もいいし、それに美人じゃないですか。

～しよう　　動詞の語幹＋자

◇애들도 있으니까 연속극보다 사극을 보자.

　子供たちもいるから、連続ドラマより時代劇（史劇）を見よう。

◇우리 이제부터 말을 놓자.

　私たち、これから敬語をやめよう。

～しようかと思っている
-ㄹ/을까 하다

◇우리도 아파트로 이사 갈까 해요.

　うちもアパートに引越そうかと思っています。

◇사정이 그렇다면 나도 계획을 바꿀까 해.

　そういう事情なら僕も計画を変えようかな、と。

～しようと
動詞・存在詞語幹＋려고/으려고

◇전통공예품을 사려고 하는데 어디가 좋을까요?

　伝統工芸品を買おうと思うのですが、どこがいいでしょうか。

◇나이 드신 부모님과 함께 있으려고 전근을 희망했대요.

　年老いた両親と一緒にいようと転勤を希望したそうです。

～しようとすれば／～するには
動詞・存在詞語幹＋려면/으려면

◇명동까지 가려면 몇 번 버스를 타야 됩니까?

　ミョンドン（明洞）まで行くには、何番のバスに乗ればいい
　ですか。

◇비빔밥을 만들려면 어떤 재료가 필요하지요?

　ビビンバを作るには、どんな材料が必要でしょうか。

知られている　　알려져 있다

◇여기는 먹자골목으로 알려져 있습니다.

　ここは食べ歩きの街として知られています。

◇김치는 일본에서 한국의 대표적인 반찬으로 알려져 있습니다.

　キムチは日本で韓国の代表的なおかずとして知られています。

~すべきだ／~しなけりゃ -아/어야지

◇내년엔 꼭 경주에 한 번 가봐야지.

　来年は必ず慶州に一度行ってみなくちゃ。

◇고기만 먹지 말고 야채도 함께 먹어야지.

　肉ばかり食べないで野菜も一緒に食べるべきだよ。

 ~するかもしれない／~であるかもしれない
動詞の語幹＋ㄹ/을지도 모르다

◇오후에는 비가 내릴지도 모른대요.

　午後には雨が降るかもしれないそうです。

◇그 책은 대형서점에 가면 있을지도 모릅니다.

　その本は大型書店に行けばあるかもしれません。

〜する価値がある　　-ㄹ/을 만하다

◇요즘 한국 영화는 정말 볼 만한 게 많더라구요.

　最近の韓国映画は本当に見応えのあるのが多いんだよ。

◇그는 네가 상대할 만한 사람이 못된다.

　彼はお前の相手としては不十分だ。

 〜するからね／〜するよ
動詞の語幹＋ㄹ/을게

◇오늘 점심은 내가 낼게.

　今日の昼食は僕がおごるよ。

◇출발할 때 미리 전화 걸게.

　出発する時、あらかじめ電話するからね。

～するくらい／～するほど
動詞・存在詞の語幹＋ㄹ/을 정도로

◇법 없어도 살 정도로 착한 분들이 정말로 많이 있어요.

法の規制がなくても暮らせるほど、善良な人々が本当に大勢います。

◇여기가 외국이란 사실을 잊을 정도로 사람들도 친절하고 여러 가지로 즐겁습니다.

ここが外国だというのを忘れるくらい、人も親切でいろいろと楽しいです。

～することができる
動詞の語幹＋ㄹ/을 수 있다

◇누구라도 할 수 있는 간단한 일이래요.

誰でもできる簡単なことだそうです。

◇인터넷을 이용하면 금방 알 수 있어요?

インターネットを利用すれば、すぐにわかりますか。

～（する）ことにする
動詞の語幹＋기로 하다

◇두 사람은 다음 달에 결혼하기로 했습니다.
　ふたりは来月結婚することにしました。

◇월급을 받으면 제가 한턱내기로 했습니다.
　給料をもらったら、私がごちそうすることにしました。

～するだけで　動詞の語幹＋기만 해도

◇보기만 해도 군침이 도는 호화 요리가 잔뜩 차려져 있다.
　見ただけで喉がごくりと鳴る豪華料理がズラリと並んでいる。

◇그 공포 영화는 제목을 듣기만 해도 저는 소름이 끼쳐요.
　あのホラー映画はタイトルを聞いただけでも、ぞっとします。

～するだけでいい
動詞の語幹＋기만 하면 되다

◇준비는 다 됐으니까 오기만 하면 됩니다.

準備は全部できているので、来るだけでいいです。

◇결혼식장은 정했으니까 상대를 찾기만 하면 됩니다.

結婚式場は決めたから、相手を見つけさえすればいいです。

～するだろう　動詞の語幹＋ㄹ/을 것이다

◇지금쯤 제주도에는 비가 내리고 있을 거예요.

今ごろ済州島には雨が降っているでしょう。

◇저 사람이 부자가 되면 가난한 사람을 열심히 도울 거예요.

あの人がお金持ちになったら、貧しい人を懸命に助けるでしょう。

～するつもりだ
動詞・存在詞の語幹＋ㄹ/을 생각이다

◇오늘은 피곤해서 푹 쉴 생각이에요.
今日は疲れたので、ゆっくり休むつもりです。

◇올해 안으로 한국노래 동호회를 만들 생각이에요.
年内に韓国歌謡の同好会を作るつもりです。

～するつもりだから
動詞・存在詞の語幹＋ㄹ/을 테니까

◇혹시 더우면 창문을 열 테니까 언제라도 말씀하세요.
もし暑ければ窓を開けますから、いつでもおっしゃってください。

◇제가 짐을 보고 있을 테니까 화장실에 다녀오세요.
私が荷物を見てますから、トイレに行って来てください。

～するつもり（予定）ですか
動詞・存在詞の語幹＋ㄹ/을 겁니까?

◇몇 시쯤 갈 겁니까?

何時ごろ行く予定ですか。

◇일본에는 얼마나 있을 겁니까?

日本にはどのくらいいるつもりですか。

～すると／～すれば
動詞の語幹＋면/으면

◇서울에 도착하면 바로 연락 주세요.

ソウルに着いたらすぐ連絡してください。

◇고려인삼차는 꿀을 좀 넣으면 마시기 쉽습니다.

高麗人参茶は蜂蜜を少し入れると飲みやすいです。

～ (する) ときがある／～ (する) ことがある
動詞の語幹＋ㄹ/을 때가 다 있다

◇원숭이도 나무에서 떨어질 때가 다 있다니…

　猿も木から落ちることがあるとは…。

◇그 먹보가 굶을 때가 다 있다니 믿을 수가 없네요.

　あの食いしん坊が食欲がないときがあるとは、信じられませんね。

～ (する) ところだった
動詞の語幹＋ㄹ/을 뻔했다

◇신호를 무시하고 건너다가 차에 치일 뻔했어요.

　信号を無視して渡っていて、車にひかれそうになりました。

◇조금만 늦었어도 열차를 놓칠 뻔했어요.

　もう少しで列車に乗り遅れるところでした。

～すると同時に 動詞の語幹＋는 동시에

◇공항에 도착하는 동시에 병원으로 실려 갔습니다.
　空港に到着すると同時に、病院へ運ばれていきました。

◇직장을 다니는 동시에 대학원에서의 연구도 계속했습니다.
　職場に通いながら、大学院での研究も続けました。

 ～するとも／～であるとも／～といえども
用言の語幹＋ㄹ/을망정

◇아무리 다른 나라에서 살망정 고향을 잊을 수는 없는가 봐요.
　いくら異国に暮らしているといえども、故郷が忘れられない
　ようです。

◇비록 몸은 늙었을망정 마음만은 아직 청춘입니다.
　たとえ肉体は老いたといえども、気持ちはまだまだ若いです。

〜 (する) なと言う   -지 말라고 하다

◇의사가 몸에 안 좋으니까 술은 마시지 말라고 했어요.
　医者に体に良くないから、お酒は飲むなと言われました。

◇아내가 오늘은 무슨 일이 있어도 늦지 말라고 했어요.
　妻に今日は何があっても、遅くなるなと言われました。

 〜 (する) には   -기에는

◇하루에 끝내기에는 일이 너무 많아요.
　一日で終わらせるには仕事が多すぎます。

◇외국인이 읽기에는 어려운 책입니다.
　外国人が読むのには難しい本です。

～するのがよい／～する方がいい
存在詞・動詞の語幹＋는 게 좋다

◇청소년에게 유해한 잡지는 차라리 없는 게 좋겠어요.

　青少年にとって有害な雑誌はむしろない方がいいです。

◇뭐든지 단어를 많이 외우는 게 좋아요.

　何でも単語をたくさん暗記する方がいいです。

～するのでしょう／～したのでしょう
動詞の連体形＋거겠지(요)

◇그 연극은 독특한 면이 있으니까 사람들의 관심을 끈 거겠지.

　あの演劇は独特なところがあるから、人々の関心をひいたの
　でしょう。

◇경제적으로 여유가 있으니까 집도 새로 짓는 거겠지요.

　経済的に余裕があるので、家も新しく建てるのでしょう。

～するのを見ると　用言の連体形＋걸 보면

◇낙엽이 떨어지는 걸 보면 어느새 가을이 끝났나 봐요.
　落ち葉が落ちるのを見ると、いつの間にか秋が終わったようです。

◇안색이 안 좋은 걸 보면 무슨 나쁜 일이라도 있었나 봐요.
　顔色がよくないのを見ると、なにか悪い事でもあったようです。

 ～（する）はずがない　-ㄹ/을 리가 없다

◇연휴인데 집에 있을 리가 없잖아요?
　連休なのに、家にいるはずがないじゃないですか。

◇아무리 품질이 좋아도 그렇게 비쌀 리가 없어요.
　どんなに品質が良くても、そんなに高いわけがありません。

～する必要ない　動詞の語幹＋ㄹ/을 거 없어

◇마실 것은 많이 있으니까 가져올 거 없어.
　飲み物はたくさんあるから、持ってくる必要ないよ。

◇지난번에 만들어 놓은 게 있으니까 새로 만들 거 없어.
　この前作っておいたものがあるから、新しく作る必要ないよ。

 ～するほど　動詞の語幹＋ㄹ/을 만큼

◇내 작품은 아직 너에게 보여 줄 만큼 완성이 안 됐어.
　僕の作品はまだ君に見せるほど完成していないんだ。

◇이제 한국어로 꿈을 꿀 만큼 실력이 늘었다.
　いまや韓国語で夢を見るほどの実力がついた。

～する前に　動詞の語幹＋기 전에

◇사용하기 전에 설명서를 잘 읽어 보세요.

　使う前に説明書をよく読んでみてください。

◇수영을 하기 전에는 먼저 준비 운동을 해야 돼요.

　水泳をする前には、まず準備運動をしなければいけません。

 ～するように／～するほど
存在詞・動詞の語幹＋도록

◇다음 시험에서는 일등할 수 있도록, 난 죽도록 공부할 거야.

　次のテストでは一番になるよう、僕は死ぬほど勉強するぞ。

◇"건강의 비결은?" "바쁘더라도 아침밥은 꼭 먹도록 하고 있어요."

　「健康の秘訣は？」「忙しくても朝ご飯は必ず食べるようにしています」

～するようになる 動詞の語幹＋게 되다

◇그 남자도 이제 돈을 아껴 쓰게 된 것 같아요.

彼も今やお金を節約するようになったようです。

◇한국에 오래 살다 보니 김치 없이는 밥을 못 먹게 됐어요.

韓国に長く暮らしていると、キムチなしではご飯を食べられ
なくなりました。

 ～する予定だ 動詞の語幹＋ㄹ/을 예정이다

◇K-POP 댄스 대회가 일본과 한국에서 열릴 예정입니다.

K-POPダンス大会が日本と韓国で開かれる予定です。

◇오늘 오후에는 여권 사진을 찍을 예정입니다.

今日の午後はパスポートの写真を撮る予定です。

～すればするほど／～であればあるほど
用言の語幹＋면-ㄹ수록/-으면-을수록

◇쓰면 쓸수록 어려운 것이 말과 글입니다.
　使えば使うほど難しいのが言葉と文章です。

◇벼는 익으면 익을수록 머리를 숙인다.
　稲穂は実れば実るほど頭を垂れる。

 ～すればよい　動詞の語幹＋면 되다/으면 되다

◇길을 모르면 파출소에 가서 물어보면 돼요.
　道がわからなければ交番に行って聞いてみればいいです。

◇여기서 기념품을 사면 돼요.
　ここで記念品を買ったらいいです。

～せざるを得ない
動詞の語幹＋지 않을 수 없다

◇그 얘기를 듣고 눈물을 흘리지 않을 수 없었어요.

その話を聞いて涙を流さずにはいられませんでした。

◇이번에야말로 단호한 조치를 취하지 않을 수 없습니다.

今度こそ断固たる措置を取らざるを得ません。

そういえば　　그러고 보니

◇그러고 보니, 나도 그 이상한 소문 들은 적이 있어요.

そういえば私もその変な噂、聞いたことあります。

◇요즘 다이어트한다며? 그러고 보니 살이 좀 빠진 것도 같은데.

最近ダイエットしてるんだって？そういえば少しやせたような感じもするけど。

～だからじゃないんですか
用言の語幹＋아서가/어서가 아닌가요?

◇그 가수가 예뻐 보이는 건, 화장을 잘해서가 아닌가요?

あの歌手がきれいに見えるのは化粧がうまいからじゃないですか。

◇아기가 계속 우는데, 혹시 배가 고파서가 아닌가요?

赤ちゃんがずっと泣いているんだけど、もしかしてお腹がすいたのかしら。

～だからです　用言の語幹＋아서/어서 그래요

◇추워요? 보일러가 고장나서 그래요.

寒い？ボイラーが故障したからなのよ。

◇비싸다구요? 이 제품은 원자재의 품질이 좋아서 그래요.

高いですって？この製品は原材料の質がいいからなんですよ。

~だからといって　名詞＋라고/이라고 해서

◇김치라고 해서 맛이 다 같은 것은 아니에요.
　キムチだからといって、味がみんな同じわけではありません。

◇어른이라고 해서 다 어른다운 건 아니죠.
　大人だからといって、みんな大人らしいわけではありません。

 ~だからそうなのか
体言＋라서/이라서 그런지

◇지방이라서 그런지 외국인 관광객들은 거의 안 와요.
　地方だからか外国人観光客はほとんど来ません。

◇연휴라서 그런지 가게들이 문을 닫았네요.
　連休だからなのか、お店が閉まっていますね。

～だけだ　動詞の語幹＋ㄹ/을 뿐이다

◇그저 앞으로 앞으로 나아갈 뿐입니다.

ひたすら前へ前へと進んでいくだけです。

◇다만 힘껏 노력하면서 열심히 살 뿐이에요.

ただ精一杯努力して懸命に生きていくだけです。

 ～だけでなく／～のみならず
体言＋뿐(만)아니라

◇듣기 연습뿐만 아니라 실제로 말하기 연습도 많이 해 보세요.

ヒアリングだけでなく、実際に話す練習もたくさんしてみて
ください。

◇그분은 말뿐만 아니라 실제 행동으로 실천하는 분이래요.

あの方は口だけでなく実践していく有言実行の人だそうです。

～だけでも　-만 해도

◇지금까지 배운 것만 해도 열 가지 이상입니다.
　今までに習ったものだけでも10種類以上です。

◇제 눈으로 본 것만 해도 이번이 세 번째입니다.
　私の目で見ただけでも今回で3回目です。

 ～だけは　-만큼은

◇먹는 것만큼은 누구에게도 지지 않을 자신이 있습니다.
　食べることだけは誰にも負けない自信があります。

◇이번만큼은 틀림없다고 생각했는데 또 떨어졌어요.
　今回だけは間違いないと思ったのに、また落ちました。

〜だけをする　-기만 하다

◇놀기만 할 작정이라면 무엇 때문에 대학에 가는 건가?

　遊ぶだけのつもりなら、どうして大学に行くんだい。

◇여자 꽁무니를 따라다니기만 했던 그놈이 드디어 결혼을 한대요.

　女の尻ばかり追いかけていたあいつがついに結婚するんだって。

 〜だそうだ　-ㄴ/은 다고 하다

◇이번에는 자기가 돈을 낸다고 합니다.

　今回は自分がお金を出すそうです。

◇매주 월요일은 영업을 안 한다고 합니다.

　毎週月曜日は営業しないそうです。

～だそうです   -래요/이래요

◇이번 회의의 테마는 지구온난화 방지래요.

今回の会議のテーマは地球温暖化防止だそうです。

◇수민 씨는 체격도 좋고, 또 능력 있는 미남이래요.

スミンさんは体格もよく、また能力のある美男子だそうです。

～だそうですね
動詞の語幹＋ㄴ/는다면서요?

◇오늘 오후에는 비가 온다면서요?

今日の午後は雨が降るんだって？

◇일본에서는 식사할 때 그릇을 들고 먹는다면서요?

日本では食事をするとき、器を持って食べるんだって？

～だというのですか／～だということですか
形容詞の語幹＋단 말이에요?

◇머리카락보다도 훨씬 가늘단 말이에요?

髪の毛よりもずっと細いということですか。

◇아니, 손목에서 팔꿈치까지의 길이와 발 길이가 같단 말이에요?

ええっ、手首から肘までの長さと足の大きさが同じだということですか。

～だと言っていた～　動詞の過去形＋다던

◇이전 인기를 많이 끌었다던 그 가수는 은퇴했지요?

以前大変人気があったと言っていたあの歌手は引退したでしょう。

◇같이 유학했다던 친구는 요즘 뭐 해요?

一緒に留学したと言っていた友達は最近何をしていますか。

~だと言っても 体言+라고/이라고 해도

◇그는 우리 학교 개교 이래 최고의 수재라고 해도 과언이 아닙니다.

彼は我が校始まって以来の秀才だと言ってもいいくらいです。

◇아시아에서 탁구 최강국은 중국이라고 해도 좋을 것 같다.

アジアで卓球の最強国は中国だと言ってもいいくらいだ。

~だと思う／~するだろうと思う
-ㄴ/은 줄 알다

◇그 학생은 원래 머리가 좋은 줄 알았는데 실은 대단한 노력파였네.

あの学生はもともと頭がいいのだと思っていたけれど、実はすごい努力家だった。

◇항상 내가 이렇게 잘한 줄 아니?

いつも僕がこんなによくしてやると思っているのか。

～だなんて　　動詞の語幹＋다니

◇말도 없이 혼자 가다니 너무해요.

　何も言わずに1人で行くなんてあんまりです。

◇1년 만에 3급 시험에 합격하다니 대단하네요.

　1年で3級に合格するなんてすごいですね。

 ～だろう／～するだろう
用言の語幹＋ㄹ/을걸

◇계속 그런 식으로 하다간 큰일 날걸요.

　ずっとそんなふうにしていると大変な事になりますよ。

◇네 맘대론 절대 안 될걸.

　お前の思い通りには絶対にならないぞ。

違いますか 안 그래요?

◇확실하게 대답해 주세요. 그래요, 안 그래요?
  きちんと答えてください。そうなんですか、違うんですか。

◇나는 봄이 가장 좋은데, 당신은 안 그래요?
  私は春が一番好きだけど、あなたもそうじゃないのかしら。

 ちょっと～をしていただけますか
体言＋를/을 좀 해 주시겠어요?

◇호텔 예약을 좀 해 주시겠어요?
  ちょっとホテルの予約をしていただけますか。

◇설거지를 좀 해 주시겠어요?
  ちょっと皿洗いをしていただけますか。

～であり　体言＋이자

◇그녀는 두 아이의 어머니이자 위대한 과학자였다.

　彼女は2児の母であり、偉大な科学者であった。

◇교육은 모든 국민의 권리이자 의무이기도 합니다.

　教育は全ての国民の権利であり、義務でもあります。

 ～である　体言＋인

◇교육공무원인 형이 한 명 있습니다.

　教育公務員をしている兄が1人います。

◇한국의 국화인 무궁화를 심었습니다.

　韓国の国花であるムクゲを植えました。

(顔つきが・形が) ～である／～な形をしている
用言の語幹＋게 생기다

◇저 할머니는 코랑 귀랑, 정말 복이 있게 생기셨다.

あのおばあさんは鼻や耳が本当に福々しい形をしていらっしゃる。

◇이 맛있게 생긴 음식은 이름이 뭐지요?

このおいしそうな料理の名前は何ですか。

～であるうえに／～したうえ
用言の語幹＋ㄴ/은/는 데다

◇값도 싼 데다 맛도 있어서 손님들이 많이 와요.

値段も安いうえに、おいしいのでお客さんが大勢来ます。

◇성격이 좋은 데다 얼굴까지 예뻐서 인기가 많아요.

性格もいいうえに、顔までかわいいので人気があります。

～であるとか　体言＋라/이라든가

◇"금감위"라든가 "OEM"이라든가 경제용어는 어려워 죽겠어요.

「金監委」だとか「OEM」だとか経済用語は難しくてしょうがないわ。

◇"논어"라든가 "맹자" 같은 것도 모르면서 유교를 매도하면 안 되죠.

「論語」だとか「孟子」も知らないで儒教を罵倒してはだめですよ。

 ～（である）にもかかわらず
-ㅁ에도/음에도 불구하고

◇한국사람임에도 불구하고 김치나 불고기를 싫어한대요.

韓国人であるにもかかわらず、キムチやブルコギが嫌いだそうです。

◇돈이 없음에도 불구하고 사치를 하다니 이해하기 어려워.

お金がないにもかかわらず、贅沢をするなんて理解できない。

～であるようにも思える
指定詞＋ㄴ 것 같기도 하다

◇일본 사람 같기도 하지만 한국 사람인 것 같기도 해요.
　日本人みたいだけれど、韓国人のようにも見えます。

◇이 세상이 꿈인 것 같기도 하고 현실인 것 같기도 합니다.
　この世は夢のようでもあり、現実のようでもあります。

～で言うなら　　体言＋로/으로 말하면

◇연세대학교는 일본의 대학으로 말하면 게이오대학이죠.
　延世大学は日本の大学で言うなら慶応大学です。

◇제 용돈은 엔으로 말하면 한 달 4만 엔입니다.
　私の小遣いは円で言うなら一か月4万円です。

～できるようになるでしょうか
動詞の語幹＋ㄹ/을 수 있게 될까요?

◇언제쯤 부모의 마음을 이해할 수 있게 될까요?

いつになれば親の気持ちが理解できるようになるでしょうか。

◇지금 이 짐을 부치면 언제쯤 받을 수 있게 될까요?

今この荷物を送ると、いつごろ届くでしょうか。

～で死にそうだ／とても～だ
用言の語幹＋아/어 죽겠다

◇일이 너무 밀려서 바빠 죽겠어요.

仕事がたまりすぎて、めちゃくちゃ忙しいんですよ。

◇정신없이 먹었더니 배불러 죽겠어요.

むやみやたらに食べ過ぎて、満腹で死にそうです。

〜ですが／〜ですけれども
用言の語幹＋ㅂ니다/습니다 ＋ 만

◇아직 시간이 좀 이릅니다만 출발할까요?

　まだ時間は少々早いですが、出発しましょうか。

◇기온은 높습니다만 습기가 적어서 지내기 편하지요.

　気温は高いけれど湿気が少ないので過ごしやすいですよ。

〜ですね　　用言の連体形＋거군요

◇이 탑이 옛날에 그 절에 있던 거군요.

　この塔が昔その寺にあったものですね。

◇자연식은 이렇게 건강에 좋은 거군요.

　自然食はこんなに健康にいいものなんですね。

〜ですね／〜ますね　　用言の語幹＋군요

◇오늘은 바람이 불어서 시원하군요.
　今日は風があるので涼しいですね。

◇아, 여기가 그 유명한 남대문시장이군요.
　ああ、ここがあの有名な南大門市場ですね。

〜ですね／〜ますね　　-네요

◇시간이 참 빨리 흘러가네요.
　時がとても早く流れていきますね。

◇한국의 전통의상은 정말 아름답네요.
　韓国の伝統衣装は本当に美しいですね。

～ではあるけど／～なことは～けど
形容詞の語幹＋기는 해도

◇이 옷은 좀 크기는 해도 참 편합니다.

　この服はちょっと大きいことは大きいけど、とても楽です。

◇그분은 말이 좀 많기는 해도 친절한 사람이래요.

　あの人は口数が多いことは多いけど、親切な人だそうです。

～ではない～　体言＋가/이 아닌

◇그는 아직 어른이 아닌 미성년자입니다.

　彼はまだ大人ではない未成年です。

◇관계자가 아닌 분은 밖으로 나가 주세요.

　関係者でない方は外に出てください。

～ではないかと思う
用言の連体形＋게 아닌가 싶다

◇아침부터 저기압인 걸 보면, 어제 무슨 일이 있었던 게 아닌가 싶어요.

朝から機嫌が悪いってことは、昨日何かあったんじゃないかしら。

◇어제 사랑을 고백했다가 거절당한 게 아닌가 싶어요.

昨日、告白してふられたんじゃないかと思うわ。

～ではないのか
用言の連体形＋것은/건 아닌지

◇아직 안 오셨어요? 혹시 헤매고 계시는 것은 아닌지…

まだいらっしゃらない？ひょっとして迷ってらっしゃるのでは…。

◇열이 난다고요? 감기 걸린 건 아닌지…

熱があるって？風邪引いたんじゃないかな…。

～ではなく　　体言＋이/가 아니라

◇그 사람은 한국 사람이 아니라 일본 사람이에요.
　あの人は韓国人ではなく、日本人です。

◇대학에 합격한 건 제가 아니라 쌍둥이 형입니다.
　大学に合格したのは私ではなく、双子の兄です。

～ではなく　　体言＋말고

◇이 세상 말고 더 아름다운 세상을 꿈꾸며 기도하는 여인.
　この世の中ではなく、もっと美しい世の中を夢見て祈る女の人。

◇나를 낳아 주신 어머니 말고 누구에게 효도를 하겠어요?
　自分を産んでくださった母親以外の誰に親孝行をするのですか。

～でも　　体言＋라도/이라도

◇바쁘시면 밥 대신에 빵이라도 드세요.

お忙しいのなら、ご飯の代わりにパンでも召し上がってください。

◇시간 있으시면 차라도 한 잔 하실까요?

お時間ありましたら、お茶でも一杯いたしませんか。

 ～ても／～でも　　用言の語幹＋아/어도

◇한국은 몇 번을 와도 재미있는 나라예요.

韓国は何回来ても面白い国です。

◇오늘 저녁은 꼭 한국 요리가 아니어도 괜찮습니다.

今夜は必ずしも韓国料理じゃなくてもかまいません。

～でも～しましょうか
体言＋(나/이나)＋動詞の語幹＋ㄹ/을까요?

◇비가 오니까 영화나 보러 갈까?

雨が降っているから映画でも見に行こうか。

◇아직 손님들이 안 오니까 안주나 더 만들까요?

まだお客さんが来ないので、もっとおつまみでも作りましょうか。

～と言う　　体言＋라고/이라고 하다

◇이건 대금이라고 하는데요, 피리의 일종이죠.

これは大笒といって、笛の一種です。

◇저는 이수민이라고 합니다.

私はイ・スミンと申します。

～ということだ 用言の語幹＋단 말이다

◇나한테도 할 말이 있단 말이에요!

　私にも言わせてくださいよ。

◇싫어요. 나는 절대로 못 가요. 너무 춥단 말이에요.

　嫌よ。私は絶対に行かないわ。寒すぎるんだから。

 ～ということに決まっている
動詞語幹＋는 법이다

◇마음이 고운 사람이 인생에서 이기는 법이야.

　心がきれいな人が人生で勝つに決まっている。

◇법관이 법을 어기면 언론이 법석거리는 법이에요.

　司法官が法を犯せば、マスコミが大騒ぎするに決まっている。

～という話だが 動詞語幹＋ㄴ/은다더니

◇압구정동에는 멋쟁이들만 모인다더니, 정말 그렇군요.

狎鴎亭洞にはお洒落な人たちばかり集まるって話だけど、本当にそうね。

◇너 오늘 도서관에 간다더니 왜 놀이동산에 있는 거야?

お前今日図書館に行くって言ってたのに、なんで遊園地にいるんだ。

 ～というより 体言＋라기/이라기보다

◇그 사람은 학생이라기보다는 아저씨라고 부르는 게 어울려요.

彼は学生と言うよりはおじさんと呼ぶ方が似合っています。

◇이것은 김치라기보다 "기무치"지요.

これは(韓国の)김치というより(日本式の)「キムチ」でしょう。

～というわけだ　動詞＋셈이다

◇우리가 상대를 압도한 것 같지만 결과적으로는 우리가 많이
　양보한 셈이에요.

　こちらが相手を圧倒したように見えたけど、結果的にはこち
　らがずっと譲歩したわけだ。

◇결국 일본 문화 개방이 좋은 한일 관계를 만든 셈이다.

　結局、日本文化の開放が日韓関係をよくしたというわけだ。

 ～と言えば　体言＋하면

◇스마트폰 하면 역시 한국 제품이 세계 최고죠.

　スマートフォンと言えば、やはり韓国製が世界一です。

◇와인 하면 뭐니 뭐니 해도 프랑스산이 제일 유명하죠.

　ワインと言えば、何と言ってもフランス産がいちばん有名です。

～と一緒に　体言＋랑/이랑 같이

◇학교 갈 때는 넌 꼭 나랑 같이 가야 돼, 알았지?

　学校に行く時、君は絶対に僕と一緒に行かなきゃだめだよ。
　わかった？

◇너 옛날엔 맨날 걔네들이랑 같이 어울려 다녔잖아.

　あんた、昔はいつもあの子たちと一緒にいたじゃない。

 ～と思う／～すると思う
動詞の語幹＋는 줄 알다

◇선생님께서는 내가 지금 집에 가는 줄 알고 계세요.

　先生は私が今家に行くと思っていらっしゃいます。

◇아직 초등학생인데도 얼마나 많이 먹는 줄 아세요?

　まだ小学生なのに、どれほどたくさん食べるかわかりますか。

～と思う 用言の語幹＋ㄹ/을 것이다

◇아마 늦어도 3시까지는 도착할 거예요.

多分、遅くとも3時までには到着すると思います。

◇시간이 지나면 자연히 알게 될 겁니다.

時間がたてば自然にわかるでしょう。

 ～として 体言＋로/으로서

◇저로서는 최선의 노력을 다했기 때문에 후회는 안 합니다.

私としては最善の努力を尽くしたので後悔はしていません。

◇그것도 하나의 방법으로서는 좋을지도 모르겠군요.

それも1つの方法としてはいいかもしれませんね。

~とてつもなく~だ 　보통 -가/이 아니다

◇저 사람은 보통 고집쟁이가 아니었다.

　あの人は並大抵のこだわりを持った人ではなかった。

◇우리 반 반장은 공부를 보통 잘하는 게 아니야.

　うちのクラスの級長は勉強ができるなんてものじゃない。

~とはいっても 　体言＋라/이라고는 하지만

◇형제라고는 하지만 성격은 전혀 달라요.

　兄弟とはいっても性格は全く違います。

◇부부라고는 하지만 같이 산 기간은 얼마 안 돼요.

　夫婦とはいっても一緒に暮らした期間は短いです。

~とも言う　体言＋라고도/이라고도 하다

◇서울의 남산은 원래 목멱산이라고도 했다.

　　ソウルの南山はもともと木覓山とも言った。

◇사람들은 그를 좀도둑이라고도 하고 대도라고도 합니다.

　　人々は彼をこそ泥とも言い、大泥棒とも言います。

 どうしてそうするのか　왜 그러는지

◇난 이번만은 그 사람이 왜 그러는지 따져야겠어.

　　私、今度だけはあの人がどうしてそんなことをするのか聞か
　　なきゃならない。

◇그들이 왜 그러는지 내가 알 바 아니다.

　　彼らがどうしてそうするのか、私が知ったことではない。

どうしてだか 왠지 모르게

◇가을을 타서 그런지 왠지 모르게 슬퍼요.

　秋だから感傷的になっているのかしら、なぜか悲しいわ。

◇왠지 모르게 그 사람이 그리워. 이게 바로 사랑이란 것일까?

　なぜかあの人が恋しい。これが愛というものだろうか。

 どうせなら／同じ事なら 이왕이면

◇언니가 사는 거니까 이왕이면 비싸고 맛있는 걸로 먹어라.

　お姉さんがおごってあげるんだから、どうせなら高くておいしいものを食べなよ。

◇어차피 해야 할 일, 이왕이면 기분 좋게 합시다!

　どのみちやらなくちゃならない仕事、どうせなら気持ちよくやりましょう。

どうも〜だ／よく考えると〜だ
가만히 보니까

◇가만히 보니까 그 여잔 아무래도 너한테 반한 것 같아.

　どうも彼女、やっぱりお前に惚れてるみたいだぞ。

◇가만히 보니까 싸움을 거는 건 항상 우리 애더라구요.

　どうも喧嘩をしかけるのは、いつもうちの子なのよね。

〜どころか／〜はおろか　　-는/은커녕

◇이번 휴가에는 여행은커녕 제대로 쉬지도 못했어.

　今回の休暇は旅行どころか、ろくに休むこともできなかった。

◇너무 좁아서 앉기는커녕 서 있기도 힘들었습니다.

　とても狭くて座るどころか、立っていることすら大変でした。

どちらがより〜であるか
어느 쪽이 더-냐/느냐

◇어느 쪽이 더 열심히 연습했느냐가 승부를 결정한다.

　どちらがより一生懸命練習したかが勝負を決める。

◇어느 쪽이 더 재미있느냐라는 문제는 내가 판단할 게 아니다.

　どちらがより面白いかという問題は、私が判断することではない。

 （どのように）〜なっていますか
어떻게 돼요? /되세요? /됩니까? /되십니까?

◇실례지만 성함이 어떻게 되세요?

　失礼ですが、お名前はなんとおっしゃいますか。

◇서울에서 부산까지 요금이 어떻게 돼요?

　ソウルから釜山まで料金はいくらですか。

どんな（いかなる）〜もない
아무런-도 없다

◇세상에, 그 사람이 아무런 연락도 없이 사라졌대요!
　何とまあ。彼、何の連絡もなしに消えたんですって。

◇아무런 승산도 없이 무작정 덤벼들어서는 안 될걸.
　全く勝算もなしに、むやみにかかっていったら駄目だと思うけど。

 〜ない？　　用言の語幹＋지 않니？

◇우리가 시킨 건 이게 아니지 않니?
　私たちが注文したのはこれじゃないんじゃない？

◇많이 좋아졌으니까 이제 퇴원해도 괜찮지 않니?
　だいぶ良くなったから、もう退院してもいいんじゃない？

～なので／～するから （理由）
用言の語幹＋기 때문에

◇고등학생은 아직 미성년자이기 때문에 술을 마시면 안 돼요.
　高校生はまだ未成年だから、酒を飲んではいけません。

◇신칸센은 편리하고 빠르기 때문에 이용객이 많아요.
　新幹線は便利で速いので、利用客が多いですよ。

～なので／～から　用言の語幹＋길래

◇그 분재는 얼마나 크길래 하나에 천만 엔이나 합니까?
　あの盆栽はいくら大きいからといっても、一つに1千万円も
　しますか。

◇아무리 기다려도 안 오길래 이렇게 직접 찾아온 겁니다.
　いくら待っても来ないので、こうして直接訪ねて来たのです。

～なら／～ならば　名詞＋라/이라면

◇비빔밥이라면 역시 전주가 본고장이죠.

　ビビンバならやはり全州が本場です。

◇만약 나라면 그렇게는 말하지 않았을 거예요.

　もし私ならそうは言わなかったと思います。

 ～なんて／～だとは　体言＋라/이라니

◇이게 하나에 만 원이라니 말도 안 돼요.

　これ1つで1万ウォンなんて、とんでもない。

◇우리 회사에는 이 씨가 많아요. 이 씨라니 어느 이 씨 말이에요?

　うちの会社には李さんが多いです。李さんって、どの李さんのことですか。

~に／~く　　-게

◇요즘은 조용하게 지내고 있습니다.
　この頃は静かに過ごしています。

◇쉬는 날이라서 집 안을 깨끗하게 청소했어요.
　休日なので家の中をきれいに掃除しました。

 ~に値する　　-를/을 만한

◇동물들이 마음 놓고 살 만한 환경을 만들지 않으면 안 됩니다.
　動物たちが安心して暮らせるような環境を作らなければなり
　ません。

◇저 친구는 정말 믿을 만한 사람이지요.
　あの友人はほんとうに信頼できる人ですよ。

~に至る　名詞＋에 이르다

◇전국 방방곡곡에 이르기까지 소문이 퍼졌습니다.
　全国津々浦々にいたるまで、噂が広まりました。

◇오늘에 이르기까지 수많은 난관을 극복해 왔습니다.
　今日にいたるまで、数多くの難関を克服してきました。

 ~にしては／~のわりには
名詞＋치고는

◇젊은 사람치고는 생각이 꽤 깊은 편입니다.
　若い人にしてはなかなか思慮深いほうです。

◇겨울 날씨치고는 상당히 따뜻하네요.
　冬にしてはかなり暖かいです。

〜にすぎない 名詞＋에 지나지 않다

◇저도 한 사람의 평범한 시민에 지나지 않아요.
　私も一人の平凡な市民にすぎません。

◇그것은 일시적인 수단에 지나지 않습니다.
　それは一時的な手段にすぎません。

 〜に沿って 名詞＋를/을 따라서

◇도로를 따라서 멋진 가로수가 늘어서 있습니다.
　道路に沿ってすてきな街路樹が並んでいます。

◇계곡을 따라서 작은 캠프장이 많이 있어요.
　渓谷に沿って小さなキャンプ場がたくさんあります。

～に近い　名詞＋에 가까운

◇동양인에 가까운 사고방식을 가지고 있습니다.
　東洋人に近い考え方を持っています。

◇서울에 가까운 곳은 전부 땅값이 올랐습니다.
　ソウルに近い所は、全部土地の値段が上がりました。

 ～について　名詞＋에 대해서

◇오늘은 환경에 대해서 생각해 보기로 하겠습니다.
　今日は環境について考えてみることにしましょう。

◇인생에 대해서 각자의 의견을 말해 보세요.
　人生について、各自の意見を言ってごらんなさい。

～に使われる 名詞＋로/으로 쓰이다

◇마늘은 김치의 중요한 양념으로 쓰입니다.

ニンニクはキムチの重要な調味料として使われます。

◇휘발유는 자동차의 연료로 쓰입니다.

ガソリンは車の燃料に使われます。

 ～に続いて／～の次に 名詞＋에 이어서

◇두 형에 이어서 막냇동생도 해외로 유학을 떠났습니다.

2人の兄に続いて末の弟も海外へ留学に行きました。

◇작년에 이어서 올해도 수출이 천억 달러를 돌파했습니다.

昨年に続いて今年も輸出が千億ドルを突破しました。

〜になる　名詞＋가/이 되다

◇피로나 스트레스가 많이 쌓이면 병의 원인이 된대요.
　疲労やストレスがたまると病気の原因になるって。

◇요즘 아이들은 커서 무엇이 되고 싶어 하나요?
　最近の子供は大きくなったら、何になりたがっていますか。

 〜になる／〜くなる　形容詞＋아/어지다

◇손님이 늘어서 바빠졌어요.
　お客さんが増えて忙しくなりました。

◇나이가 들면 고향이 그리워집니다.
　年をとると故郷が懐かしくなります。

〜に反して／〜である反面
用言の語幹＋는/은 데 반해서

◇노력한 것은 별로 없는 데 반해서 결과는 좋은 편이에요.
　特に努力はしませんでしたが、結果は良い方です。

◇아는 사람은 많은 데 반해서 아주 친한 친구는 별로 없어요.
　知っている人は多いのに、特に親しい友達はあまりいません。

〜に負けない　名詞＋에 못지않다

◇젊은이에 못지않은 체력을 가지고 있습니다.
　若者に負けない体力を持っています。

◇스승에 못지않은 제자가 되도록 노력하겠습니다.
　師匠に劣らぬ弟子になるように努力します。

～にもかかわらず
用言の語幹＋ㄴ/은/는데도 불구하고

◇아픈데도 불구하고 열심히 일하고 있습니다.

体の調子が悪いのに一生懸命に働いています。

◇바쁘신데도 불구하고 와 주셔서 감사합니다.

お忙しいのにもかかわらず、来てくださってありがとうございます。

～によって（は）　　名詞＋에 따라서(는)

◇사람에 따라서 다르기 때문에 한마디로 말하기는 어렵습니다.

人によって違うのでひと言で言うには難しいです。

◇김치는 지역에 따라서 넣는 재료가 다릅니다.

キムチは地域によって入れる材料が違います。

～にわたって　　名詞+에 걸쳐서

◇두 달에 걸쳐서 월드컵 축구대회가 열립니다.

　2ヶ月にわたって、サッカーのワールドカップが開かれます。

◇5시간에 걸쳐서 주주총회를 했습니다.

　5時間にわたって、株主総会をしました。

 ～（の）おかげで　　-덕분에

◇걱정해 주신 덕분에 잘 지내고 있습니다.

　心配してくださったおかげで、元気に過ごしています。

◇열심히 공부한 덕분에 합격할 수가 있었어요.

　一生懸命勉強したおかげで、合格できました。

～のか　用言の連体形＋지

◇호텔은 어디가 좋은지 알려 주세요.
　ホテルはどこがいいのか、教えてください。

◇언제 도착하는지 아직 연락이 없습니다.
　いつ到着するのか、まだ連絡がありません。

 ～の代わり（に）　-대신(에)

◇학교에 안 가는 대신에 집에서 열심히 책을 읽었어요.
　学校に行かない代わりに家で熱心に本を読みました。

◇그 식당은 양이 많은 대신 음식 맛이 없어요.
　あの食堂は量が多い代わり、まずいです。

〜のことですね　　-말이지요?

◇지난번에 말씀하셨던 그 프로젝트 말이지요?

　この前、おっしゃっていたプロジェクトのことですね。

◇아, 며칠 전에 맡기신 짐 말이지요?

　ああ、何日か前にお預けになった荷物のことですね。

〜のために（目的）
名詞・代名詞＋를/을 위해(서)

◇건강과 스트레스 해소를 위해 매일 아침 운동을 하고 있어요.

　健康とストレス解消のために毎朝運動しています。

◇지구환경 보전을 위해서는 한 사람 한 사람의 각별한 노력이 필요합니다.

　地球環境を守るためには一人一人の格別な努力が必要です。

～ので／～だから／～するから
用言の語幹＋니까/으니까

◇배가 고프니까 무언가 먹으러 갑시다.
お腹がすいたから、何か食べに行きましょう。

◇아직 빈 자리가 많으니까 서두르지 않아도 돼요.
まだ空席が多いので、急がなくてもいいです。

～ので／～くて　　用言の語幹＋아/어서

◇어제는 갑자기 열이 나서 회사를 쉬었습니다.
昨日は急に熱が出たので、会社を休みました。

◇짐이 많아서 택시를 타야겠네요.
荷物が多いので、タクシーに乗らなければなりませんね。

～のではなく
動詞・存在詞の語幹＋는 게 아니라

◇늘 회사에만 있는 게 아니라 가끔 거래처에 가기도 하지요.

いつも会社にばかりいるのではなく、時には取引先に行く
こともありますよ。

◇우는 게 아니라 하품을 했더니 눈물이 조금 나온 것뿐입니다.

泣いているのではなく、あくびをしたらちょっと涙が出た
だけです。

～のとおり／～まま　　-는/ㄴ/은 대로

◇내가 말한 대로 됐잖아요.

私が言ったとおりになったじゃないですか。

◇서 있는 대로 계세요.

立ったままでいてください。

～のに
形容詞・指定詞の語幹＋ㄴ/은/인 데도

◇바쁘신데도 와 주셔서 감사합니다.

お忙しいのに来ていただき、ありがとうございます。

◇키가 작은데도 농구를 잘하네요.

背が低いのにバスケットボールが上手ですね。

～のは
動詞・存在詞の語幹＋는 건

◇자기 전에 목욕을 하는 건 피로회복에도 좋아요.

寝る前に風呂に入るのは疲労回復にも良いです。

◇끝까지 해 보지도 않고 도중에 그만두는 건 바람직하지 않아요.

最後までしてもみないで途中で止めるのは望ましくないです。

～の場合　名詞+의 경우

◇공과대학의 경우 여학생 수가 적어서 쓸쓸하지 않아요?
　工学部の場合、女子学生が少なくて寂しいでしょう。

◇어린이의 경우 선생님이 하는 말은 그대로 다 믿어 버리죠.
　子どもの場合、先生の言葉はそのまま信じてしまいます。

 ～のはず（わけ）がない
用言の語幹+ㄹ/을 리가 없다

◇이런 영화는 인기를 끌 리가 없대요.
　こんな映画は人気を呼ぶはずがないということです。

◇여러분에게 이 정도의 문제가 어려울 리가 없습니다.
　皆さんにこの程度の問題が難しいわけがありません。

～のようだ ／ ～らしい ー는/ㄴ/은 가 보다

◇여기가 바로 젊은이들이 모이는 대학로인가 봐요.

　ここがまさに若者が集まるテハンノ（大学路）のようです。

◇조용한 걸 보니까 몸이 피곤해서 조는가 봐요.

　静かなところをみると、疲れて居眠りしているようです。

 ～のようだ／～しそうだ
ー는/ㄴ/은 듯하다

◇거기에 가면 꼭 있을 듯한 생각이 들어요.

　そこに行けば必ずありそうな気がします。

◇카린 씨는 그 소문을 알고 있는 듯했습니다.

　カリンさんもその噂を知っているように見えました。

～のようではない　　-것 같지가 않다

◇그 사람은 약점이 있는 것 같지가 않아요.

その人には弱点があるようには見えません。

◇몇 년 전만 해도 남북교류가 이렇게 빨리 이루어질 것 같지가 않았어요.

数年前には、南北交流がこんなに早く叶うとは思いませんでした。

～のような～　　体言＋와/과 같은

◇오늘과 같은 날은 차를 마시면서 조용한 음악을 듣는 것도 좋을 거예요.

今日みたいな日はお茶を飲みながら、静かな音楽を聞くのもいいでしょう。

◇연주가 끝나자 우레와 같은 박수가 터져 나왔대요.

演奏が終わると万雷の拍手が沸き起こったそうです。

~のように   -처럼

◇이 호수는 너무 넓어서 바다처럼 보입니다.
　この湖はとても広くて、海のように見えます。

◇수민 씨는 키가 커서 농구 선수처럼 보입니다.
　スミンさんは背が高くて、バスケットボール選手のように見えます。

 ~のように~ではない   -처럼-진 않다

◇우리 집 둘째는 첫째 아이처럼 모나진 않아요.
　うちの二番目は一番上の子みたいに性格がとがってはいません。

◇난 언니처럼 많이 먹진 않아요.
　私はお姉さんみたいに、たくさん食べないわよ。

～のように見える
形容詞の語幹＋아/어 보이다

◇웬일로 오늘은 기운이 없어 보여?

どうしたの、今日は元気がないみたいだけど。

◇활기가 넘쳐 보이네요. 보약이라도 해먹었어요?

元気一杯のようですね。強壮剤でも飲んだのですか。

～のわりに　用言の連体形＋데 비해서

◇자주 오는 데 비해서 간 곳은 많지 않아요.

よく来るわりに、行ったことのある場所は多くないです。

◇시간이 많이 걸리는 데 비해서 효과는 적네요.

時間がたくさんかかるわりには、効果は少ないですね。

～(の)ようだ
指定詞・形容詞の語幹＋ㄴ/은것같다

◇양복이 좀 큰 것 같습니다.

洋服がちょっと大きいようです。

◇전화를 받지 않네요. 부재중인 것 같아요.

電話に出ないですね。留守のようです。

～は～けれど　　-야/이야 -지만

◇매상이야 늘었지만 이익은 오히려 줄었어요.

売上は増えましたが、利益はむしろ減りました。

◇관심이야 있지만 돈이 없어요.

関心はあるけどお金がないです。

(はい) どうぞ　　(네,)여기 있습니다

◇가: 여기 물수건 좀 주세요.　　나: 네,여기 있습니다.
　　すみません、おしぼり下さい。　　　　はい、どうぞ。

◇거스름돈 2,000원 여기 있습니다.
　おつり2,000ウォンです。どうぞ。

 ～はさておき　　名詞+는/은 몰라도

◇그 친구는 다른 것은 몰라도 성격 하나는 참 좋다.
　あいつは、他のことはさておき、性格だけはすごくいい。

◇우리 집 아이는 공부는 몰라도 운동은 전교에서 제일 잘 한다.
　うちの子は勉強はさておき、スポーツは全校で一番だ。

～ばかりしているのではないですか
名詞＋만 하는 거 아니에요?

◇일은 안 하고 여행만 하는 거 아니에요?
　仕事しないで旅行ばかりしているのではないですか。

◇공부는 안 하고 인터넷만 하는 거 아니에요?
　勉強しないでインターネットばかりしているのではないですか。

二つと無い／この上なく貴重だ
둘도 없다

◇이 청자가 우리 집의 둘도 없는 보물이에요.
　この青磁が我が家の大変貴重な宝物です。

◇그렇게 좋은 사람은 둘도 없습니다.
　あんなにいい人は他にいません。

まるで〜のように　　마치-처럼

◇흐르는 강물은 마치 내 마음처럼 차갑게 빛났다.

　流れる川の水は、まるで私の心のように冷たく光った。

◇너와 다시 만나다니, 마치 이 세상을 다 얻은 것처럼 기쁘다.

　君と再会するなんて、まるで世界が僕のものになったように
　うれしい。

 ## 〜も（が）あるなんて
-도(이/가) 다 있다니

◇언제나 완벽한 그 여자가 틀릴 때도 다 있다니…

　いつも完璧な彼女が間違えることもあるなんて・・・。

◇이런 곳이 다 있다니 믿을 수가 없어요.

　このような場所があるなんて信じられません。

~も~し、 ~も~し　　-도-고, -도-고

◇술도 마시고, 애기도 많이 하고, 즐거운 시간을 보냈어요.

　酒も飲み、話もたくさんして楽しい時を過ごしました。

◇경험도 쌓고, 돈도 벌고, 좋은 기회가 아니에요?

　経験も積み、金も稼ぎ、いい機会ではありませんか。

 ~もする　　動詞の語幹＋기도 하다

◇MT를 가면 술을 마시면서 이야기를 하기도 하고 노래를 부르기도 해요.

　MT（合宿）に行けば、酒を飲みながら話もするし、歌も歌います。

◇오타니 선수는 빠른 공을 던지는 것은 물론이고 절묘한 변화구를 던지기도 해요.

　大谷選手は速い球を投げるのはもちろんだけれど、絶妙な変化球を投げたりもします。

~も同然だ　　-나/이나 다름(이) 없다

◇나랑 한 약속을 어긴 것은 나를 무시한 것이나 다름없다.

　私と交わした約束を破ったのは、私を無視したのも同然だ。

◇남의 것을 허락 없이 가져가는 것은 도둑질이나 다름없지 않니?

　人の物を許しもなく持っていくのは、泥棒も同然じゃないか。

 ~や　　名詞＋나/이나

◇저는 사과나 복숭아 같은 과일을 아주 좋아해요.

　私はリンゴや桃のような果物がとても好きです。

◇설이나 추석은 한국의 전통 명절입니다.

　お正月や秋夕は韓国の伝統的な祭日です。

~やいなや　動詞の語幹+자마자

◇비가 그치자마자 무지개가 떴어요.
　雨が止むや否や虹がかかりました。

◇전화를 걸자마자 달려왔어요.
　電話をかけるや否やすぐ駆けつけてきました。

 ~ようだ　存在詞・動詞の語幹+는 것 같다

◇저 넓은 집에서 혼자서 살고 있는 것 같아요.
　あの広い家に1人で住んでいるようです。

◇지금 집에는 아무도 없는 것 같아요.
　今、家には誰もいないようです。

~らしく　名詞+답게

◇학생이라면 학생답게 공부를 열심히 해야죠.

　学生なら学生らしく勉強を一生懸命しなければなりません。

◇잘못한 것은 남자답게 인정을 해야 합니다.

　間違いは男らしく認めなければいけません。

 ~話題になる　화제가 되다

◇젊은이들 사이에서 큰 화제가 됐습니다.

　若者のあいだで、大きな話題になっています。

◇한국에서뿐만 아니라 외국에서도 화제가 된 사건입니다.

　韓国だけでなく、外国でも話題になった事件です。

～を兼ねて   動詞の語幹＋ㄹ/을 겸(해서)

◇구경도 할 겸 시장에 한번 가 볼까요?

　見物を兼ねて市場に一度行って見ましょうか。

◇그때 좀 쉴 겸, 머리도 깎을 겸해서 미용실에 갔었어요.

　あの時ちょっと休憩と髪を切るのも兼ねて美容室に行きました。

 ～を代表する   名詞＋를/을 대표하다

◇경주는 한국을 대표하는 관광지입니다.

　慶州は韓国を代表する観光地です。

◇사장은 기업을 대표하는 직책입니다.

　社長は企業を代表する職務です。

～を中心として　名詞＋를/을 중심으로 해서

◇강을 중심으로 해서 마을이 형성됐습니다.

川を中心として町が形成されています。

◇서울을 중심으로 해서 수도권에 국민의 절반 정도가 살고 있지요.

ソウルを中心とする首都圏に、国民の約半数が住んでいます。

～を通して　名詞＋를/을 통해서

◇여동생을 통해서 여자 친구를 소개받았습니다.

妹を通じて、彼女を紹介してもらいました。

◇시민운동을 통해서 풀뿌리 민주주의가 싹텄습니다.

市民運動を通して、草の根民主主義が芽生えました。

～を成し遂げる／～をなす
名詞＋를/을 이루다

◇어릴 적 친구와 결혼해서 가정을 이루었습니다.
  幼なじみと結婚して家庭を築きました。

◇티끌도 쌓이면 태산을 이루니까 열심히 저축하세요.
  ちりも積もれば山になるのですから、一生懸命貯蓄しなさい。

～をはじめ　名詞＋를/을 비롯해서

◇저를 비롯해서 총 10명이 가기로 했습니다.
  私をはじめとして、合わせて10人が行くことにしました。

◇삼계탕을 비롯해서 각종 한국 음식을 먹을 수 있습니다.
  サムゲタンをはじめ、各種の韓国料理が食べられます。

～を誇る　名詞＋를/을 자랑하다

◇10%라는 높은 경제성장률을 자랑하고 있습니다.

　10%という高い経済成長率を誇っています。

◇이 분야에서 최고의 업적을 자랑하고 있습니다.

　この分野で最高の業績を誇っています。

속담편

シジャギ バニダ
시작이 반이다

　直訳すると「始まりが半分だ」ということですが、「とにかく始めてしまえばもう半分終わったのと同じ、何事もまず始めてみることが大切」という意味です。

　明るくて前向きでポジティブな韓国人らしいことわざだと思います。同じような意味で使われる日本のことわざに「思い立ったが吉日」というのがあります[1]。

　どちらも何かをしようと思い立ったら、すぐに始めるのがよいという意味です。「吉日」は、暦の中で何かを行うのに縁起がよい日のことです。しかし、暦を見て吉日を選んでいては時期を逃してしまうということから、思い立った日を吉日として事を行えという教えです。今日やれること、今日やらないといけないことを、必ず今日中に片づける。これが「できる人」の仕事の進め方だと思いますし、社会人として常に心がけてほしい教訓ですね。

1　戸谷高明、『文芸作品例解：故事ことわざ活用辞典』、創拓社、1993

○ 일단 도전해 봐!! 시작이 반이라고 도전해 보면 꼭 좋은
  결과를 얻을 거야.

○ 시작이 반이라는 말처럼 신중한 목표와 계획은 새로운
  사업을 시작하는 데 있어서 중요하다고 생각한다.

단어

일단 一旦 도전하다 挑戦する 시작하다 始める 반 半 좋다 いい
결과 結果 얻다 得る -처럼 ~ように 신중하다 慎重だ 목표 目標
계획 計画 새롭다 新しい 사업 事業 중요하다 重要だ 생각하다
考える

하늘이 무너져도 솟아날 구멍이 있다
ハ ヌリ ム ノ ジョド ソ サ ナル クモンイ イッタ

　直訳すると「天が崩れても這い出る穴はある」になります。これはどんなに厳しく大変な状況下でも、必ず解決できる方法やそこから抜け出して生き延びる道はどこかにあるという意味です。

　日本のことわざでは「捨てる神あれば、拾う神あり」があります。

　朝鮮民族は古くから、「하늘」すなわち「天」を天地万物の主宰者「하늘님」として崇んできました。それは朝鮮の建国神話である「壇君神話」からも分かるように、「하늘」とは大変特別な意味を持っています。

　「하늘님」という言葉は韓国の国歌である「愛国歌」の歌詞にも使われており、護国の神として崇拝されています。私たち朝鮮民族の始まりでもある天が崩れることは地球の最後、すなわち人類最後の日を意味しています。多少オーバーな表現ですが、「하늘이 무너져도 솟아날 구멍이 있다」のように最後の最後まで諦めず、どんなに厳しい環境でも「起死回生の策」を考える朝鮮民族の逞しい不屈の精神が特に表れている韓国のことわざの一つです。

◉ 하늘이 무너져도 솟아날 구멍이 있다더니 에이스 선수가 부상을 당해 걱정하던 차에 때마침 실력이 뛰어난 후보 선수가 나타났다.

◉ 올해 줄곧 하락세를 보였던 국내증시가 하반기에는 반등할 수 있을지에 대한 투자자들의 관심이 높아지고 있는데요. 하늘이 무너져도 솟아날 구멍은 있는 법입니다. 인플레이션 우려가 상반기 정점을 통과하고 미국 연방준비제도의 통화긴축정책에 대한 부담감이 완화될 수 있을 거란 분석으로 증권가에선 올 하반기 증시의 반등 가능성을 높게 보고 있습니다.

단어

하늘 空 무너지다 崩れる 구멍 穴 부상당하다 負傷する 걱정하다 心配だ 때마침 折しも 실력 実力 뛰어나다 優れている 후보선수 候補選手 나타나다 現れる 올해 今年 하락세 下落傾向 국내증시 国内証券市場 하반기 下半期 반등하다 反騰する -에 대한 ~に対する 투자자 投資者 관심 関心 높아지다 高まる 인플레이션 インフレーション 상반기 上半期 정점 頂点 통과하다 通過する 통화긴축정책 通貨緊縮政策 완화되다 緩和される 분석 分析 증권가 証券街

イルニョンジ ゲヌン ボメ セウゴ イリルジ ゲヌン アチメ セウンダ
일 년 지계는 봄에 세우고 일일지계는 아침에 세운다

　直訳すると「一年の計は春にあり、一日の計は朝にあり」に
なります。その日の計画は朝のうちに立てるべきであり、一年
の計画は季節の始めである春のうちに決めるべきだという意
味です。日本のことわざにも「一年の計は元旦にあり」があ
ります。新しい一年がうまくいくかどうかは、元旦にその年
の計画を立てるかどうかにかかっているという意味です。ど
ちらも物事を始めるには、しっかりとした計画を立てなけれ
ばならないということです。

　このことわざの原点は、中国の明時代に伝統的な年中行事・
儀式・しきたりなどを解説した本である馮應京（ひょうおうきょう）の「月令広義（げつりょうこうぎ）」
にあります。本来「一日の計は晨（あした）にあり、一年の計は春にあ
り、一生の計は勤にあり、一家の計は身にあり」という項目
があり、このことわざの由来になっています。

◎ 일년 지계는 봄에 있고 일일 지계는 아침에 있다고 하죠?
  무슨 일을 할 때에는 시작이 가장 중요해요.

◎ 일년 지계는 봄에 세우고 일일 지계는 아침에 세운다고
  합니다. 우리가 일년을 잘 지내기 위해서는 봄에 계획을
  세우고 하루를 잘 지내기 위해서는 아침에 계획을 세워 잘
  지켜나가야 합니다.

봄 春 아침 朝 있다 ある 가장 一番 세우다 立てる 지내다 過ご
す -기 위해서 ~のために 하루 一日 지켜나가다 守っていく

ウィッ ム リ マルガ ヤ アレッム リ マッタ
윗 물이 맑아야 아랫물이 맑다

　直訳すると「上の水（上流）が澄んでいてこそ、下の水（下流）も澄む」になります。上に立つ人の行動が正しく美しければ、下の人の行動も正しく美しくなるという意味として、「上に立つ者の責任の重さ」を表す時によく使われています。

　論語の「顔淵篇（がんえんへん）」に「政（まつりごと）は正（せい）なり。子帥（し ひき）いるに正（せい）を以（もっ）てすれば、執（たれ）か敢（あ）えて正（せい）しからざらん」があります。これもトップが正しければ、下の人間は自ずと正しくなるという意味です。君子（社長）が仕事を怠けながら国民（社員）に働けと言っても、国民が心から一生懸命働くはずがありません。まず、君子が手本を示すこと以外、人を動かす方法はないのです。この論語での言葉を漢字で「上濁下不淨」となり、「上の水が濁ると下の水も澄まない」、すなわち「윗물이 맑아야 아랫물이 맑다（ウィッム リ マルガ ヤ アレッム リ マッタ）」の意味になるのです。

◎ 윗물이 맑아야 아랫물이 맑다고 어른들은 아이들한테 모범을 보여 사회 규범을 준수해야 합니다.

◎ 정치인들이 깨끗해야 국민들이 살기 편하고 공정한 세상을 만들 수 있다. 윗물이 맑아야 아랫물이 맑다고 정치인들의 부정부패가 만연한 사회에서는 공정한 기회조차 상실할 수 있다.

단어

위 上 아래 下 맑다 澄んでいる 어른 大人 모범 模範 사회 규범 社会規範 준수하다 遵守する 정치인 政治家 국민 国民 공정하다 公正だ 살기 편하다 住みやすい 세상 世の中 부정부패 不正腐敗 만연하다 蔓延だ 상실하다 喪失する

マ ルン ハ ヌ レ ナルビョラッ ビョラッ マンヌンダ
마른 하늘에 날 벼락 (벼락 맞는다)

直訳すると「晴れ渡った空に突然落ちる雷」になります。突発的な事故や突然の変動、思いもよらない大きい災難に遭遇したとき、望ましくない大事件が起きたときなどによく使われることわざです。

このことわざは中国南宋時代の詩人、陸游の「九月四日鶏未鳴起作」から由来しています。その中の五言古詩に、晴れの空にまるで空高く跳び舞う龍のように雷が飛び散るという意味の語句「靑天飛霹靂」があり、現在は「靑天の霹靂」として使われています。

韓国で似たようなことわざに「아닌 밤중에 홍두깨」もあります。日本のことわざでは、寝ているとき耳に水を注がれるような、まったく思いもしない突然の出来事が起こるという「寝耳に水」や物事の仕方が出し抜けなことの喩えとしての「藪から棒」、そして突然、自分の身近で意外なことが起こること、急に思いついたように慌てて物事を始めることをいう「足下から鳥が立つ」などがよく使われています。

◎ 기대하던 IT 관련 회사에 합격해서 그렇게 좋아했었는데
세계적인 불황으로 회사가 부도가 나서 합격 취소 통보를
받다니.. 이게 무슨 마른하늘에 날벼락입니까?

◎ 교환유학을 가려고 1년 동안 열심히 공부해서 겨우
합격했어요. 그런데 코로나 확진자 증가로 인해 유학
비자를 발급하지 않는다고 하네요. 이게 마른하늘에
날벼락이지.. 정말 열심히 준비했는데 아쉬워요.

단어

기대하다 期待する   관련 関連   합격하다 合格する   불황 不況
부도나다 不渡りになる   통보받다 通告される   마르다 乾く   교환유학
交換留学   유학비자 留学ビザ   발급하다 発給する   준비하다 準備する
아쉽다 惜しい

우물 안 개구리 하늘 넓은 줄 모른다
ウムル アン ケ グ リ ハヌル ノルブン チュル モルンダ

　これは日本のことわざにもある「井の中の蛙大海を知らず」
になります。考えの狭い人を嘲笑する言葉で、自分の狭い知
識や見方にとらわれて、他にもっともっと広い世界があるこ
とを知らないと言うときによく使われます。

　このことわざは『荘子』「外篇の秋水」から由来しています。
井桁に足を掛けていた蛙が東海に住む亀に向かって「私はこ
の古井戸を独占し、居ながら青天を望むことができる。君も
ここへ入ってみなさいな」と自慢しました。亀は井戸に入る
ことはできませんでしたが、大海の広さについて話して聞か
せました。蛙はただ驚き、亀は蛙の見識の狭さに呆れたとの
寓話です。

◎ 우물 안 개구리로 살지 말고 여행을 다니면서 견문을 넓혀봐. 세상은 넓고 배울 점들은 많고 다양한 사람들과 문화들이 너의 삶을 풍족하게 해 줄지도 모르잖아…

◎ 국내 피아노 콩쿠르에서 대상을 받았다고 으스대면 안 돼. 우물 안 개구리 하늘 넓은 줄 모르는 격이야. 세상에는 훌륭한 피아니스트가 얼마나 많은 줄 아니?

우물 井戸　살다 住む、暮らす　여행 旅行　다니다 ~して回る、通う 견문 見聞　넓히다 広げる　배우다 学ぶ　다양하다 多様だ　문화 文 化　삶 生、人生　풍족하다 豊富だ　콩쿠르 コンクール　으스대다 威張る 훌륭하다 立派だ

조 삼 모 사 (朝三暮四)
ジョサムモサ

　このことわざは、表面的な違いにだけとらわれて、結局は同じであることに気付かないことや詐術を以って人を騙し愚弄すること、また、どちらにしても大差のないことなどの意味で使われます。

　中国、宋の狙公（そこう）が、飼っている猿にトチの実を与えるのに、朝に三つ、暮れに四つやると言うと猿が少ないと怒ったため、朝に四つ、暮れに三つやると言うと、たいそう喜んだという『荘子』斉物論などの故事から由来することわざです。このエピソードに続けて、「聖人の智を以って愚衆を籠絡（ろうらく）するさまは、狙公（そこう）の智を以って衆狙を籠するが如し」とあります。目先の差別のみにこだわって、全体としての大きな詐術に気づかぬことをいう寓話です。愚かな人を猿に例えた話ではありますが、お先真っ暗な世の中では目先の利益のほうを優先してしまうかもしれないですね。

◎ 지금 현 정권에서는 폭등하고 있는 부동산 문제에 있어서
　근본적인 대책을 제시하기보다는 조삼모사로 금융정책을
　완화하고 있는 것뿐이다.

◎ 대형마트의 할인 세일은 조삼모사 상술에 지나지 않는
　경우가 종종 있다. 현명한 소비가 필요하다.

정권 政権　폭등하다 暴騰する　부동산 不動産　문제 問題　근본적인
根本的な　대책 対策　제시하다 提示する　금융정책 金融政策　대형마트
大型マート　할인세일 割引セール　종종있다 度々ある

ガヌン マリ コワヤ オヌン マリ コプタ
가는 말이 고와야 오는 말이 곱다

　このことわざは他人によくしてもらおうと思うなら、自分から他人によくしなければならないという意味でよく使われています。似たようなことわざには「오는 정이 있어야 가는 정이 있다」があります。

　日本のことわざには、「魚心あれば水心あり」があります。このことわざは、本来、「魚、心あれば、水、心あり」と言われ、水の中に住んでいる魚に水を思う気持ちがあれば、水のほうも、同じように魚のことを考えるということから生まれたようです。また、逆に相手がこちらに好意を示せば、こちらも相手に対して、好意を持って対応しようという意味もあります。「水心あれば魚心」とも言います。

◎ 가는 말이 고와야 오는 말이 곱다고 아무리 부부나 연인 사이라도 가는 말이 꽃인데 비수가 되어 돌아올 리는 없을 것이다.

◎ 가는 말이 고와야 오는 말이 곱다는 진리 같아요. 평소에 자주 가는 떡볶이 집 주인 아주머니께 인사만 잘 했을 뿐인데 오늘은 기말시험 끝난 거 수고했다며 서비스로 음료수를 주셨어요. 진짜 인사만 잘 한 것 같은데…

가다 行く 오다 来る 말 話 곱다 きれいだ 아무리 いくら 부부 夫婦 연인 恋人 꽃 花 비수 短刀 돌아오다 戻ってくる 진리 真理 평소 普段 자주 よく 아주머니 おばさん -ㄹ/을 뿐인데 ～をするだけなのに 기말시험 期末試験 끝나다 終わる 수고하다 苦労する 진짜 本当に -만 ～だけ、～のみ

웃으면 복이 온다
ウ ス ミョン ボ ギ オンダ

　笑うという行為は人にとって良いものであり、心身ともに健康でいられる秘訣にもなっていると科学的にも証明されつつあります。このことわざは、その事も含め、明るく楽しく過ごせば、知らないうちに、幸せが運ばれてくるという意味でよく使われています。

　似たようなことわざには「소문만복래（笑門萬福來）」があ
ソ ムンマンボン レ
ります。これは日本のことわざにもある「笑う門には福来る」です。いつも笑いが絶えない家には幸運がやってくるという意味を持つことわざです。「門（かど）」とは、家の出入口である「門（もん）」から派生して、家そのもの、あるいは「家族」「一族」などを表す言葉です。一家揃ってにこやかに笑っている家庭なら、確かに幸せでしょう。些細な出来事も「幸福」として受け止めることができれば、自然と「幸運」が寄って来るように思えるものです。その状態こそ、まさに「福来る」の正体と言えます。最近では、「門」という漢字を単体で「かど」と読む機会は多くないことから、「わらうかど」が「笑う角」のように間違って使ってしまうことがありますので、注意しましょう。

◉ 웃는 인상의 사람은 언제 어디서나 인기가 많다. 가장 존경받는 정치인 중 한 분인 프랭클린 루스벨트 전 미국 대통령은 늘 웃고 다녔다고 한다. 그래서인지 여러 사람들의 협력과 지지를 얻어내는 데 성공한 리더로서도 손꼽힌다. 웃으면 복이 와요!!

◉ 행복해서 웃는 것이 아니라 웃으니까 행복해진다라는 말이 있죠. 그건 사람의 뇌는 활짝 웃으면 엔도르핀과 같은 쾌감 호르몬이 나와서 행복감을 느끼게 해 준다고 하네요. 그러니까 많이 웃고 행복해져요. 웃으면 복이 와요!!

단어

웃다 笑う 인상 印象 언제 いつ 어디서나 どこでも 인기 人気 많다 多い 가장 一番 존경받다 尊敬される 정치인 政治家 늘 いつも 그래서 それで 협력 協力 지지를 얻다 支持を得る 성공하다 成功する 행복하다 幸せだ 뇌 脳 활짝 ぱっと 엔도르핀 エンドルフィン 쾌감 快感 호르몬 ホルモン 느끼다 感じる

ホ サ ユ ピ ハ ゴ　インサ ユ ミョン イ ラ
虎死留皮하고, 人死留名 이라

　韓国語で言うと「호랑이는 죽어서 가죽을 남기고 사람은 죽어서 이름을 남긴다」です。このことわざは、ヒョウやトラは死んでも美しい模様の毛皮を残すように、人間も偉業を残すことによって、死んだ後でも名が語り継がれるという意味です。ここでの「名」とは名声・名誉、よい評判のことです。生前から自分の名誉を汚さないよう注意し、死後も褒め称えられるよう立派な一生を送るようにしなければならないという教えです。

　日本では「虎は死して皮を残し、人は死して名を残す」となりました。英語では、「Tigers leave only their skins when they die, but through his achievements a man's name lives on. 」と言います。同じく、人の命は一代で滅びるが、名声・悪名などの評判は末長く残るという意味で「人は一代名は末代」というのも使います。名誉を重んじて生きるべきだという教えです。同意語では「家は一代名は末代」や「身は一代名は末代」、「骨は朽ちても名は朽ちぬ」などがあります。

⬡ 사람에게는 재물보다도 명예가 더 소중하다는 것을 비유하는 말로 虎死留皮 (호사유피)하고 人死留名(인사유명)이라고 합니다. 우리 삶에서 후회 없이 자신의 이름을 남길 수 있도록 가벼이 여기지 말고 근면 성실하게 사는 것이 가장 사랑하는 삶이 아닐까 합니다. 우린 어떤 인생을 살고 있을까요? 우리가 죽을 때 내 이름 석자를 떳떳하게 남기고 죽을 수 있을까요? 오늘부터라도 자신의 삶을 한번쯤 뒤돌아보는 것도 나쁘지는 않겠네요.

단어

호랑이 虎 죽다 死ぬ 증거 証拠 가죽 皮 후세 後世 남기다 残す
명성 名声 자자해지다 持ち切りになる 열심히 懸命に 정진하다 精
進する 뜻 意味 교훈을 삼다 教訓にする 인생 人生 떳떳하다 堂々
とする 한 번쯤 一度くらい 뒤돌아보다 振り返ってみる 나쁘다 悪い
재물 財物 명예 名誉 소중하다 大事だ 후회없다 後悔ない 가볍다
軽い 근면 勤勉

ことわざ探求 PART11

カル スロッテ サ ニ ダ
갈 수록 태산이다

　たとえば、大きな地震が起きて、揺れがおさまり安心したところへ、今度は、その地震による津波が押し寄せてきたようなときに使うことわざです。また、仕事などのトラブルがやっと解決して、ほっとしているところへ、また新しいトラブルが発生したようなときにも使われます。用心の大切さと、生きて行くことの難しさを表したことわざではないかと思います。

　日本のことわざと類似しているものに「一難去ってまた一難」「虎口を逃れて竜穴に入る」などがあります。

◎ 갈수록 태산이라더니…한국문화연구 리포트를 겨우 끝냈더니 한국어능력시험 4급 이상을 따야 유학을 갈 수 있다고 하니 갈 길이 멀었다.

◎ 신종 코로나 바이러스 감염증 상황이 좀처럼 개선될 조짐을 보이지 않고 있다. 확진자 규모가 연일 사상 최고치를 달성하고 있어 이 상태로 가다가는 통제가 불가능해지면서 진짜 갈수록 태산이라는 말이 현실로 될 것으로 보인다.

문화연구 文化研究   리포트 レポート   겨우 やっと   끝내다 終える   한국어능력시험 韓国語能力試験   따다 取る   멀다 遠い   신종 新種   코로나 コロナ   바이러스 ウイルス   감염증 感染症   상황 状況   좀처럼 めったに、なかなか   개선되다 改善される   조짐 兆し   확진자 感染者   규모 規模   최고치 最高値   달성하다 達成する   통제 統制   불가능하다 不可能だ

インガンマンサ セウンジ マ
인 간 만사 새옹지마 （人間萬事塞翁之馬）

　このことわざは、人生における幸不幸は予測しがたいということを意味します。いつ幸せが不幸に、いつ不幸が幸せに転じるかわからないのだから、安易に喜んだり悲しんだりするべきではないという例えです。

　日本では、「人間万事塞翁が馬」と言います。「が」は所有を表す格助詞ですが、「塞翁の馬」とは言いません。類義のことわざに「禍福は糾える縄の如し」があります。これも災いと幸福は表裏一体で、まるでより合わせた縄のようにかわるがわるやって来るものであり、不幸だと思ったことが幸福に転じたり、幸福だと思っていたことが不幸に転じたりする、成功も失敗も縄のように表裏をなして、めまぐるしく変化するものだという意味です。

○ 인간만사 새옹지마라고 잠깐 기억이 없어 동네 병원에 가서 상담을 하고 큰 병원을 소개받아 검사한 결과 뇌에 이상이 있다는 것도 알게 됐다. 그래서 얼떨결에 증세도 없는데 뇌 수술을 받고 뇌와 혈관에 좋은 약을 계속 복용하고 있다. 앞으로 뇌와 관련된 병은 안 걸릴 것으로 여기며 다행이다 하고 감사하면서 살고 있다. 우리 인생살이는 다양하고 참으로 변화무쌍하다. 그래서 우리의 삶을 인간만사 새옹지마라고 자주 말하곤 한다.

잠깐 しばらく 기억이 없다 記憶がない 동네병원 町内病院 상담하다 相談する 소개받다 紹介される 검사하다 検査する 이상이 있다 異常がある 얼떨결에 つい、うっかり 수술을 받다 手術を受ける 혈관 血管 약 薬 계속 ずっと 복용하다 服用する 다행이다 幸いだ 다양하다 多様だ 참으로 本当に 변화무쌍하다 千変万化だ -는 동안에 ~する間 여러가지 色々 -때문에 ~から、~ので 슬퍼하다 悲しむ

ファリョンジョムジョン
화룡 점정 (画龍点睛)

　これは龍（竜）の絵の最後に目を書き入れて生き生きとした趣を与えることから、ちょっとした文句や物事によって、全体が引き立ち活気づくことをいう意味のことわざです。また、肝要な一点に手を加えて、物事を完全にすることや最後の仕上げのことにも使います。このことわざは、「龍を画いて睛（ひとみ）を点ず」と書き下し文としても使います。

◎ 핵심을 먼저 파악해라. 어떤 일의 과정에서 핵심이 되는 것, 바로 중요한 부분을 먼저 파악해야 한다는 말로 핵심이라는 것은 목표를 달성하기 위해서 해야 할 가장 중요한 부분, 즉, 화룡점정이라고 한다.

◎ 이승환 콘서트의 화룡점정은 바로 관객분들과 어우러지는 떼창에 있습니다. 한 공간에서 감성적인 노래의 웅장함을 몸소 체험할 수 있는 피날레를 장식할 수 있답니다. 여러분들도 꼭 참여해 보세요.

단어

핵심 核心 먼저 先に 파악하다 把握する 과정 課程 관객 観客 콘서트 コンサート 어우러지다 相交わる、一体感になる 떼창 シング・アロング 공간 空間 감성적이다 感性的である 웅장하다 雄大だ 체험하다 体験する 피날레 フィナーレ 장식하다 飾る 꼭 必ず 참여하다 参加する

가르침은 배움의 반이다

<small>カルチムン ペウメ パニダ</small>

　このことわざは、人に物事を教えるということは、自分も勉強してよく理解していなければできることではない、要するに「教える」ということは、教える側である自分も学ぶ身であるという意味です。

　日本のことわざで類似して使われているのは、「教えるは学ぶの半ば」があります。これは「書経の商書説令下」から由来しています。人に教える立場にある人であっても、人に教えるということによって実は自分も学んでいること、重要な事柄や知っているようで知らなかったことなどに気づくことがあるということです。自らの知識の浅さに気づき、自分の進歩にも役立つとの意味で使われています。類義語では、「教学相長ず」があります。

◉ 가르침은 배움의 반이라더니 30여 년간의 교사 생활 동안
   아이들에게 배운 것도 참 많구나!!

◉ 한국어 성인 강좌를 맡은 지 5년이 다 됐어요. 그런데
   가르침은 배움의 반이라고 한국어뿐만 아니라 한국의
   문화, 역사까지 궁금증이 많은 어르신들 덕분에 오히려
   한국 문화와 역사를 더 많이 공부하고 알게 되네요.

단어

가르치다 教える 배우다 習う 교사 教師 아이들 子供たち 성인
강좌 成人講座 한국 역사 韓国の歴史 궁금하다 気になる 어르신
お年寄り 덕분에 おかげで 알게 되다 知るようになる

クスリ ソ マ リ ラ ド クェオヤ ボ ベ ダ
구슬이 서말이라도 꿰어야 보배다

　このことわざは、いくら立派で素晴らしいものでもきちんと整え、役に立つようにさせてこそ値打ちがあるという意味です。「서말」とは、「三斗」を指し、量の多いことを誇張していったものです。（一斗は約18リットル）

　日本のことわざで類似しているのは、「玉磨かざれば光なし」や「宝の持ち腐れ」などがあり、役に立つものや優れた才能を持っていながら、それを活用しなかったり、実力を発揮せずにいることの例えとして使います。また、宝（価値のあるもの）を所有していながら、使い道を知らなかったり、出し惜しみをして、少しも役立てずに腐らせてしまう意味でも使います。

○ 요즘 시간이 없어 스포츠센터에 자주 못 간다고 운동기구만 잔뜩 사놓고 운동하지 않으면 뭐해? 구슬이 서말이라도 꿰어야 보배라고 운동을 해야 살도 빠지고 건강해지죠.

○ 컴퓨터도 가져오고 휴대 전화도 가져왔는데 공항에서 와이파이를 빌리는 걸 잊어버렸다. 구슬이 서말이라도 꿰어야 보배라고 와이파이가 없으니 해외에서 아무것도 할 수가 없구나.

스포츠 센터 スポーツセンター　운동기구 運動器具　잔뜩 いっぱい　사다 買う　놓다 置く　구슬 玉　살이 빠지다 痩せる　공항 空港　휴대전화 携帯電話　와이파이 Wi-Fi　빌리다 借りる　잊어버리다 忘れてしまう　해외 海外

参考文献

• • •

김정화·최은규 (2002)『한국어 속담 100 관용어 100』국제교육진흥원
이희자·이종희 (2001)『한국어 학습용 어미 조사 사전』한국문화사
국립국어원 표준국어대사전 https://stdict.korean.go.kr/

生越直樹・曹 喜澈 (2011)『ことばの架け橋』白帝社
戸谷高明 (1993)『文芸作品例解：故事ことわざ活用辞典』
　創拓社

著者略歴
◆ ◆ ◆

張 京花

韓国生まれ。神戸大学大学院博士（学術）。

現在、神戸大学工学研究科研究員。

神戸芸術工科大学など韓国語非常勤講師。

著書に『WE CAN 韓国語 – 入門から初級へ–』『WE CAN 韓国語Ⅱ – 初級から中級へ–』（博英社）。

金 世徳

韓国生まれ。

現在、大阪観光大学観光学部教授。

著書に『WE CAN 韓国語 – 入門から初級へ–』『WE CAN 韓国語Ⅱ – 初級から中級へ–』（博英社）。

表紙デザイン ： 笹原ロイ

WE CAN 韓国語 文型そしてことわざ

初版発行　2023年2月3日

著　　者　張京花　金世徳

発 行 人　中嶋 啓太

発 行 所　博英社
　　　　　〒370-0006 群馬県 高崎市 問屋町 4-5-9 SKYMAX-WEST
　　　　　TEL 027-381-8453 / FAX 027-381-8457
　　　　　E・MAIL hakueisha@hakueishabook.com
　　　　　HOMEPAGE www.hakueishabook.com

ISBN　　　978-4-910132-37-2

＊乱丁・落丁本は、送料小社負担にてお取替えいたします。
＊本書の全部または一部を無断で複写複製(コピー)することは、著作権法上での例外を除き、禁じられています。

定　　価　1,980円 (本体 1,800円)